幼儿园保育员职业技能和职业资格培训用书

U0644540

# 幼儿园保育员

## 工作规范图解+视频

张　莉 ◎ 主编

中国农业出版社

# 编　委　会

**主　编**：张　莉

**副主编**：景　妍　刘海滨　韩玉梅

**编　委**：张　莉　景　妍　刘海滨　韩玉梅　王莉云
　　　　　周黛娥　王美红　王　丽　王桂婷　春　雨
　　　　　于明双　郑明阳　刘玉龙　许青青　张佳喃
　　　　　柳　硕　曹丹娅　饶永丹　杨　爽　周丽媛
　　　　　吴　宁　佟洁萍

　　随着全民学前教育意识的加强、人口二胎新政策的施行，幼儿园的工作越来越受到家长与社会的关注。按照《幼儿园教育指导纲要（试行）》要求，幼儿园的工作必须做到保教并重。根据教育部令第39号公布的《幼儿园工作规程》第四十二条规定："幼儿园保育员应当符合本规程第三十九条规定，并应当具备高中毕业以上学历，受过幼儿保育职业培训。幼儿园保育员的主要职责如下：　（一）负责本班房舍、设备、环境的清洁卫生和消毒工作；（二）在教师指导下，科学照料和管理幼儿生活，并配合本班教师组织教育活动；（三）在卫生保健人员和本班教师指导下，严格执行幼儿园安全、卫生保健制度；（四）妥善保管幼儿衣物和本班的设备、用具。"鉴于很多保育员在实践工作中会遇到这样或那样的困惑，各地执行的规范与标准也不尽统一。为了规范保育员工作流程、明确保育工作各个环节的执行标准与操作要领，让一线保育员犹如亲临现场地接受指导和学习，特编写此工作规范。

　　本书根据最新颁布的《3～6岁儿童学习与发展指南》编写，以《保育员应知应会》为基础，结合最新的《2013年北京市幼儿园保健医培训手册》，对保育员一日工作的流程与规范进行了详细的介绍与讲解。在实践工作中，以北京市评级、验收细则为标准，结合园所实际工作，对保育员在幼儿来园、进餐、区域活动、集体教学活动、户外活动以及盥洗、午睡、离园等一日流程的工作细则与具体要求都进行了详细的讲解，对卫生消毒、幼儿看护、常规培养等方面给予了科学的建议与指导，使新职保育员能在最短的时间内上岗操作，对已经在岗的保育员则提供了重点环节的注意事项，为管理者提供权威的评价与指导依据。既能促进幼儿生活常规的培养，又能全面提升办园质量。

本书通过分步骤的图文讲解、视频示范等方式让广大一线保育员的业务学习变得更简单、更直观，轻轻松松掌握保育员的基本技能，为幼儿提供良好的生活环境，全面照顾和关爱幼儿，满足幼儿身心发展的需要。

愿每一位保育老师都能在童心的世界里感受职业的快乐与收获的幸福！

目　录

# 第一章
# 幼儿园保育工作概述

　　幼儿园教育是基础教育的重要组成部分，是学校教育和终身教育的基础阶段。《幼儿园教育指导纲要（试行）》（以下简称《纲要》）中明确要求幼儿园教育必须保教并重，寓教育于生活及各项活动之中。但在现实的工作中，我们往往重"教"轻"保"，保育员的文化素质和专业水平参差不齐，整体水平较低，直接影响了保教并重的效果，影响了幼儿生活习惯与生活能力的培养。幼儿园的基本教育理念是"以幼儿健康成长为本"。《3～6岁儿童学习与发展指南》（以下简称《指南》）中也明确提出："健康是指人在身体、心理和社会适应方面的良好状态。"因此，我们需要重新认识保育员的工作内涵，明确保育工作的职责，形成科学的保育观念。

## 第一节　幼儿园保育工作的概念

### 一、保育

　　"保育是成人（家长或保教人员）为0～6岁儿童提供生存与发展的环境和物质条件，并给予精心照顾和培养，以帮助幼小儿童获得良好的发育，逐渐增进其独立生活能力。"[①]

### 二、保育员

　　"保育员是指在托幼园所、社会福利机构及其他保育机构中，辅助教师负责婴幼儿保健、养育和协助教师对婴幼儿进行教育的人员。"[②]

---

[①]《保育员应知应会》，教育部人事司教育部工人考核委员会，北京师范大学出版社，1998年。
[②]《国家职业技能标准：保育员》，中华人民共和国人力资源和社会保障部，中国劳动社会保障出版社，2009年。

# 第二节　幼儿园保育工作的重要性

## 一、幼儿身心发展的规律和学习特点决定其重要性

3～6岁幼儿身体的各个器官、系统仍处于不断发育的过程中，其机体组织比较柔嫩、发育尚不成熟，机能不够完善，抵抗疾病、适应环境的能力较弱，处于身心发育与发展的重要时期。因此，幼儿阶段的保育和教育就显得尤为重要，这不仅关系到幼儿当前的健康状况，还会对其未来发展乃至一生的身心健康产生重要和深远的影响。同时，这一阶段的幼儿学习特点以观察和模仿学习为主。因此，保育教师应以身作则，为幼儿树立正确的榜样，以培养幼儿形成良好的生活习惯，提高生活自理能力，更好地适应社会性发展。

## 二、保育员工作职责和性质决定其重要性

《纲要》中明确提出：保育员也是教育工作者，其行为同样对幼儿具有潜移默化的影响。保育员应当结合生活中的各个环节，为幼儿提供健康、安全的环境，照顾好幼儿日常生活，正面而积极地影响幼儿，培养其良好的生活习惯与基本的生活自理能力。同时，与教师密切配合，使幼儿身心得以健康发展。

## 三、幼儿园教育组织与实施的特点决定其重要性

幼儿园的教育是为全体在园幼儿健康成长服务的，这是幼儿园各项工作的出发点和归宿。坚持保教并重，寓教育于一日生活之中，是实现教育目标的重要途径。幼儿的一日生活常规包括作息制度与生活常规，这与保育员的日常工作是息息相关、密不可分的。

## 四、儿童的基本权利决定其重要性

联合国《儿童权利公约》认为：儿童具有的最基本权利可概括为四种，即：生存权、受保护权、发展权和参与权。其中生存权是指每个儿童都有生命权和健康权。由此可以看出，安全与健康既是儿童发展的根本，也是教育的根本。从保育和保育员的概念中，我们不难看出，保育员是幼儿园维护儿童生存权的第一要约人之一。

# 第三节　幼儿园保育工作的原则

## 一、保教结合原则

我国幼儿教育以"保教结合"为根本。保教结合也是幼儿园教育组织与实施的基本原则。结合幼儿身心发展特点，依据目前对幼儿教育领域的深入研究，保教结合原则显得更为重要，其内涵也更加广泛、深刻。

保教结合是一个整体的概念，"保"和"教"是教育整体的不同方面，同时对幼儿产生影响。"保"的主旨就是保育，侧重于幼儿的身体、生活养护与照顾，保护幼儿的生命安全，保障幼儿的健康。健康的范围十分广泛，有身体方面的，心理方面的，还有社会方面的。"教"的主旨就是教育，指幼儿园按照体、智、德、美的要求，有目的、有计划地对幼儿进行全面发展的教育。因此，保教是相互依存的，我们必须做到保中有教，教中有保，保教结合，才能促进幼儿健康快乐的发展。同时，保教结合原则必须始终贯穿于幼儿的日常生活、日常教学及游戏中。

## 二、身心并重原则

《指南》中明确指出："健康是指人在身体、心理和社会适应方面的良好状态。"因此，发育良好的身体、愉快的情绪、强健的体魄、协调的动作、良好的生活习惯和基本的生活能力都是幼儿身心健康的重要标志，也是其他领域学习与发展的基础。

习惯的养成、性格的培养、基本的社交模式乃至人格的发展都是在幼儿时期萌芽并初步定型的。社会上普遍提倡的重素质、重情商的培养也正是身心并重的体现。一个健康的人，不仅有着健康的体魄，还需要拥有健全的人格。因此，身心并重是幼儿园保育工作的另一项基本原则。

## 三、全面关注与尊重个体差异相结合原则

保育员应全面关注、照顾本班幼儿生活及游戏，以尊重、理解和接纳的态度对待每一位幼儿。同时，结合幼儿身心发展特点可以知道，有的幼儿身心发展速度快一些，有的慢一些。幼儿先天的或后天的、环境的或自身的种种原因会带来个体差异，对此，教师应给予适当的尊重。保育员在全身心地爱护、理解、照顾每一位幼儿的同时，还应及时回应幼儿的个体需求，密切关注幼儿在生理和心理方面的个体差异，因人施教，引导幼儿健康发展。

# 第四节　幼儿园保育工作的内容

## 一、生活中的保育

1.精心照顾幼儿进餐、睡眠、盥洗和如厕等各个生活环节。
2.培养幼儿良好的生活习惯、卫生习惯和基本的生活自理能力。
3.密切关注幼儿的身体状况和需要，保证其健康和安全，培养幼儿的自我保护意识。
4.善于呵护幼儿情绪、情感的发展，让幼儿保持安定、愉快的情绪。

## 二、环境中的保育

1.提供安全、卫生、整洁的园所环境及丰富而有教育意义的游戏环境。
2.营造安全、和谐、温馨的心理氛围。
3.培养幼儿爱护环境的习惯，帮助幼儿树立环保意识。
4.共创阳光、和谐的人际关系与健康、向上的园所文化。

## 三、游戏中的保育

1.提供安全的游戏环境与充足的游戏材料。
2.培养幼儿良好的学习习惯与学习兴趣。
3.细心引导幼儿养成良好的行为习惯，树立规则意识，拥有良好的社会适应能力。
4.认真参与游戏，及时给予恰当的指导和支持，帮助幼儿树立自信心。

# 第五节　幼儿园保育工作的职责

《幼儿园工作规程》中明确规定了幼儿园保育员的主要职责，其中包括：
1.负责本班房舍、设备、环境的清洁卫生和消毒工作。
2.在教师指导下，科学照料和管理幼儿生活，并配合本班教师组织教育活动。
3.在卫生保健人员和本班教师指导下，严格执行幼儿园安全、卫生保健制度。
4.妥善保管幼儿衣物和本班的设备、用具。
幼儿园保育员的工作职责在制订过程中，结合了《指南》精神以及现代社会对幼儿园教育工作的新需求，具体包括以下几点：

1.负责本班及公共责任区室内、外卫生、清洁工作。

2.按照幼儿园卫生消毒制度做好日常消毒工作，做好工作记录。

3.及时通风，合理调节室温。做好夏季降温、冬季保暖以及季节性传染病的各种预防工作。

4.照顾本班幼儿饮食，做好餐前、餐后各项工作。

5.照顾幼儿盥洗、如厕及睡眠，教会幼儿基本的生活技能，提高幼儿生活自理能力。

6.根据气温变化、场地要求及幼儿一日必需达到的活动量，及时关注和照顾好幼儿的身体及情绪。

7.协助本班教师开展教育、教学活动，培养幼儿良好的卫生、生活及行为习惯。

8.做好本岗日常的安全工作，确保幼儿的健康和生命安全。

9.观察幼儿表现，及时向家长反馈幼儿在园生活情况及身体状况。

10.妥善保管本班的各种材料、玩具、用品及设备。

11.顾全大局、服从分配，及时完成园所领导及本班教师交给的其他工作。

# 第二章

# 保育员日常工作规范

## 第一节 幼儿来园前的准备工作

### 一、个人清洁

扫码看视频1

#### ◎工作内容

进行个人卫生清洁工作。

#### ◎工作标准

1.保持个人清洁卫生，勤洗澡、勤换洗衣服、勤洗手、勤洗头发，上班时头发要扎起来、没有异味、不留披肩发、不染与自然色不相符颜色的头发，勤剪指甲，指甲长度要与手指指尖齐平，不涂抹指甲油，不浓妆艳抹，可化些淡妆，不可以喷洒香水。

2.保持仪容、仪表整洁、适宜：上班时穿园服，不穿低腰裤及低胸的衣服，不佩戴首饰（包括手镯、戒指、耳环、胸针、项链等），穿防滑的、便于工作的平底鞋。

#### ◎工作流程

1.换工作服。

①进入班级，来到教师衣物柜前，打开衣物柜的门。

②把自己的书包放在柜中指定位置，脱掉身上春、秋季的大衣或外套、冬季的羽绒服等衣物，叠整齐或挂在衣架上，放入教师衣物柜中。

③取出工作服并穿上，将衣领翻好，工作服扣子扣好或将拉链拉好，将拉链拉到从上往下数第二个扣子位置的高度，整理好全身衣物。衣服如果开线或缺少扣子，应及时缝补。

④上班时间穿便于工作、防滑的平底鞋。如果穿高跟鞋来幼儿园，要把高跟鞋脱掉，换上防滑的平底鞋。

⑤把脱下来的高跟鞋或皮鞋放在教师衣物柜底部存放鞋子的位置上。

⑥将教师衣物柜的门关上。

2.清洁双手。

①走到盥洗室，来到洗手池边，打开水龙头。

②水流开得小一些，把双手冲湿。

③关上水龙头，从香皂盒中取出香皂，在手上打香皂。

④打出泡沫后，把香皂放回香皂盒中。

⑤用七步洗手法洗手，第一步：掌心相对，互相搓擦。

⑥第二步：左手掌心放在右手手背上，十指交错，互相搓擦。

⑦第三步：掌心对掌心，十指交错，互相搓擦。

⑧第四步：弯曲各手指关节，双手相扣、揉搓，左、右手交替进行。

⑨第五步：左手掌心旋转、搓擦右手拇指，两手交替进行。

⑩第六步：右手手指在左手掌心旋转、搓擦，两手交替进行。

⑪第七步：揉搓手腕，两手交替进行。

⑫打开水龙头，将手上的泡沫用流动水冲洗干净。

⑬然后捧上一捧水，将水龙头上的泡沫冲干净，再关上水龙头。

⑭在水池里把手上残留的水甩干净。

⑮用教师专用毛巾将双手擦拭干净。

## 二、准备工作

◎工作内容

1.为幼儿准备温度适宜、足够量的饮用水。
2.为幼儿准备早晨漱口的淡盐水。
3.为幼儿准备小毛巾。

◎工作标准

1.使用保温桶为幼儿准备足够量的、温度适宜（45℃）的饮用水。每天下班前，要彻底清洗保温桶，不给幼儿喝隔夜水。如果班里使用净水器为幼儿准备饮用水的，应在早晨来园后，提前打开净水器电源开关，为幼儿准备来园时的饮用水。

扫码看视频2

2.使用固定的容器准备好幼儿早晨来园漱口用的水，把水壶放在班级统一规定的地方。

3.准备两套幼儿擦手用小毛巾，轮换使用。一套洗净、消毒后挂在室外，让太阳暴晒、紫外线杀菌；一套供幼儿当天使用。每天早晨为幼儿准备前一天洗好的小毛巾，叠好后放在统一的容器内，方便幼儿来园洗手后自取，擦完手后，请幼儿统一挂在指定位置。

◎ **工作流程**

①对于使用净水器的幼儿园，保育员要按照净水器使用说明按顺序正确操作。插上净水器的电源插头，接通电源。打开净水器的开关，使净水器开始工作，以便幼儿来园时能够及时喝到饮用水。

②使用保温桶饮水的幼儿园可以参看下面的内容操作。从班级统一指定的柜子中拿出暖水壶（根据班级情况准备1～2个暖水壶，小班准备容量小一点儿的暖水壶，中、大班的暖水壶稍大一些），到伙房开水间或锅炉房打开水。回到班级后，将暖水壶里的水倒入保温桶的三分之一处，将保温桶的盖子敞开，便于水尽快晾凉。暖水壶要放在指定的地方，幼儿摸不到的、安全的地方。幼儿来园后，一定要将保温桶的盖子盖好。暖水壶中剩余的水待幼儿饮水时或是三分之一的水晾凉了，再兑进去一些热水，使水的温度达到45℃左右即可。一天当中，要及时补充保温桶中的水量，保证幼儿足够的饮水量。

## 三、环境清洁

扫码看视频3

◎ **工作内容**

班级环境卫生清洁。

◎ **工作标准**

1.开窗通风：随季节、天气情况而定。通常情况下：儿童活动室、卧室进行开窗通风，要做到保持室内空气清新、阳光充足。如遇雾霾天气，根据本园雾霾预案进行开窗通风。夏季可持续开窗通风，冬季开窗通风时间为10～15分钟。夏季室温不高于27℃～28℃，且室内、外温差在5℃～7℃，冬季室温不低于18℃。幼儿离开教室去户外活动时，应打开室内窗户，开窗通风，让室内、外空气流通。在室外空气质量较差时（如遇雾霾天、大风天、沙尘暴等特殊天气），应避免开窗通风。传染病易发期，应加强通风次数，延长通风时间。

2.环境清洁：每天用1：200比例配制的消毒水擦拭一遍儿童活动室、卧室、盥洗室内各种台面、家具、门把手、门、水龙头等所有幼儿经常触摸的物体表面（如严重污染，也可以随时擦拭）。

3.门把手消毒：每天用84消毒液浸泡过的门把手专用毛巾套包裹住门把手（准备两套门把手专用毛巾套，每天清洗、消毒当天使用过的）。

## ◎工作流程

1.开窗通风。

①提前了解当日天气情况，根据天气情况进行开窗通风的工作（幼儿午睡期间，需要通风时，儿童床摆放的位置，不应对着风口）。走进幼儿睡眠室，来到窗户前，打开窗户。

②将窗户的纱窗拉下来，避免外面的蚊虫进入睡眠室。

③走到幼儿活动室的窗户前，将窗户打开，并将纱窗拉下来。

2.环境清洁。

（1）准备工作，配比消毒溶液。

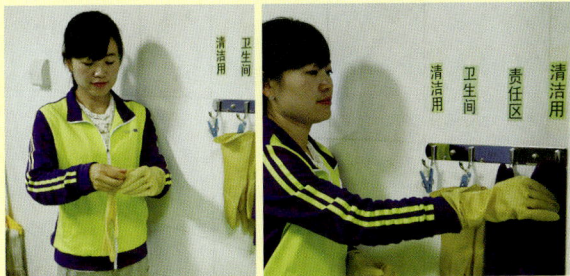

①来到盥洗室，从墙上标签对应的钩子上取下清洁专用胶皮手套戴上，并摘下清洁用毛巾。

②然后，从专用放置消毒用品的柜子中拿出清洁专用盆和配比消毒溶液的量杯和量筒、84消毒液或健之素消毒药片。

③在量杯中按照刻度接入2 000ml的水倒入清洁盆中。

④再用量筒量好10ml的84消毒液，倒入盆中。

⑤在清洁盆中将兑好的消毒溶液搅拌一下（注：也可以在清洁盆中放入一片健之素消毒药片，药片250mg，接入1 000ml的水，就可以配比好1∶200的消毒溶液了）。

⑥消毒溶液配好后，将量杯、量筒、84消毒液瓶或装有健之素消毒药片的药瓶放回柜子中指定的位置。

⑦用配比好的消毒溶液充分浸泡、洗涤清洁专用毛巾。

⑧拧干毛巾，对幼儿活动室、睡眠室、盥洗室中所有幼儿能够接触到的物体表面进行擦拭。

（2）擦拭门。

①先擦拭门的主体，按照从上至下、从左至右的顺序将门的正面擦拭完毕。

②再将门的背面按照从上至下、从左至右的顺序擦拭一遍。

③擦拭门上玻璃的正、反面。

④然后将门框、门把手擦拭一遍，有油污的地方用清洁剂（如洗涤灵等）彻底擦拭。要对班级所有的门进行擦拭。

（3）套门把手专用套。

到盥洗室取出用消毒溶液浸泡过的门把手专用套，分别将门里、门外的把手套好。

（4）擦拭玩具柜。

扫码看视频4

①将清洁专用毛巾洗涤干净，同时拿上扫帚、簸箕走进活动室。

②擦拭玩具柜第一层隔板。

③按照从上到下的顺序将玩具柜中的物品逐个取出，逐一擦拭干净。擦拭完毕后，把玩具放回原处。班级所有的玩具柜每天都要擦拭。玩具柜中的玩具及玩具托盘随脏随擦，每周彻底消毒。

④每天将玩具柜拉开，清扫玩具柜下面的灰尘。

（5）擦拭窗户。

①用消毒溶液再洗一遍清洁用毛巾。

②来到班级活动室的窗台前面，拿着清洁用毛巾从左至右进行擦拭，然后擦拭窗框。

③折叠毛巾，换另一个干净的面，从左至右擦拭班级第二个窗台，然后擦拭窗框，直到班级所有窗台台面、窗框都擦拭完毕。

（6）清洁墙壁。

将清洁用毛巾再次洗涤干净，用干净的湿抹布擦拭盥洗室、卫生间的瓷砖围墙，按照从左至右、从上至下的顺序擦拭，确保墙壁无污渍、墙面光洁。

（7）物品摆放。

室内物品全部清洁完毕后，将室内各类物品摆放整齐。

（8）洗涤抹布。

①墙壁擦拭完毕后，将清洁盆、消毒盆清洗干净，放回消毒物品柜中。

②将清洁毛巾用肥皂洗涤、清水冲洗干净后，拧干。

③将洗好的清洁毛巾挂在墙上与标签对应的挂钩上。

④摘下清洁专用手套，挂在与墙上标签对应的挂钩上。

## 四、餐前准备

扫码看视频5

### ◎工作内容

1.餐前桌面消毒工作。

2.为幼儿准备好进餐时所需用品，摆残渣盘等（中、大班可由值日生完成）。

### ◎工作标准

1.餐前15分钟，严格按照清水—消毒液—清水（清—消—清）的顺序做好餐前桌面消毒工作。

2.按照规定时间到厨房取餐。

### ◎工作流程

1.清洁双手（见P8"第一节 幼儿来园前的准备工作 一、个人清洁 2.清洁双手"）。

2.系围裙。

①走到教师衣物柜前，打开柜门。

②从柜子中取出开饭时专用的围裙。

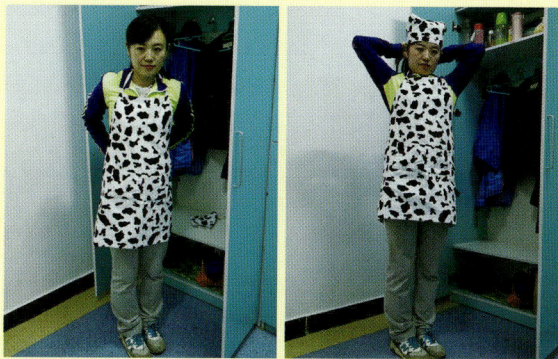

③把围裙穿上，戴上头巾并整理好。

④关上柜门。

3.配比消毒溶液（见P13"第一节　幼儿来园前的准备工作　三、环境清洁 2.环境清洁（1）准备工作，配比消毒溶液"）。

4.擦拭第一遍餐桌。

扫码看视频6

①在清水盆中接入2/3清水。从墙上标签对应的挂钩上取下清洁第一遍桌子的毛巾，在清水盆中充分洗涤，拧干。

②走到班级第一张桌子前，将毛巾对折再对折，擦拭第一张桌子，将毛巾平铺在桌子上，双手按住毛巾，从上至下、从左至右擦拭，再擦拭桌子边缘。

幼儿园保育员
工作规范图解＋视频

③走到第二张桌子前，将毛巾翻面，平铺在桌子上，双手按住毛巾，按照从上至下、从左至右、再到桌子边缘的顺序进行擦拭。

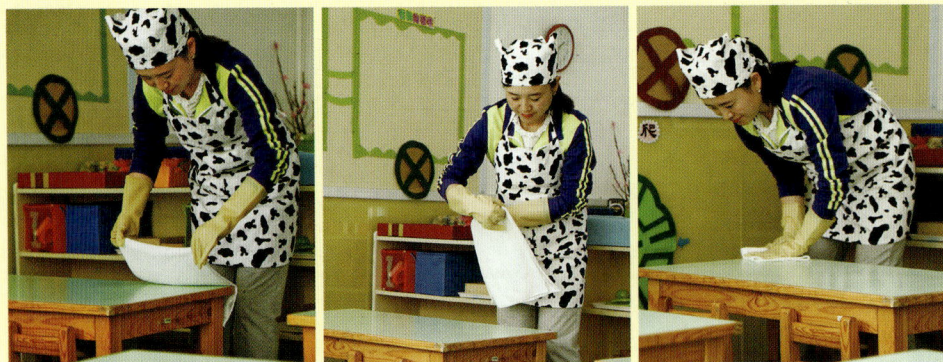

④来到第三张桌子前，将毛巾打开，翻过来对折，平铺在桌子上，双手按住毛巾，按照从上至下、从左至右、再到桌子边缘的顺序进行擦拭。

⑤走到第四张桌子前，将毛巾再次翻面，平铺在桌子上，双手按住毛巾，按照从上至下、从左至右、再到桌子边缘进行擦拭。毛巾的四个面都用完了，再擦拭第五张桌子时，需要重新将毛巾在清水盆中洗涤干净，然后再进行擦拭，直到班级所有桌子都擦拭完毕。

⑥回到盥洗室，将毛巾放回清水盆中等待洗涤。

5.擦拭第二遍餐桌。

①将在消毒溶液中浸泡的擦拭第二遍餐桌的毛巾在消毒溶液中洗涤、拧干。

②走到班级第一张桌子前，将毛巾对折再对折，擦拭第一张桌子。双手按住毛巾从上至下、从左至右擦拭，再擦拭桌子边缘。

③走到第二张桌子前，将毛巾翻面。双手按住毛巾从上至下、从左至右、再到桌子边缘进行擦拭。

④来到第三张桌子前，将毛巾打开，翻过来对折。双手按住毛巾从上至下、从左至右、再到桌子边缘擦拭第三张桌子。

⑤走到第四张桌子前，将毛巾再次翻面。双手按住毛巾从上至下、从左至右、再到桌子边缘进行擦拭。毛巾的四个面都用完了，再擦拭第五张桌子时，需要重新将毛巾在清水盆中洗涤干净，再进行擦拭，直到班级所有桌子都擦拭完毕。

6.等待消毒液在桌面上停留10分钟。

7.清洗毛巾。

扫码看视频7

①利用消毒液在桌面停留的10分钟时间，将消毒桌面的第一遍、第二遍毛巾用肥皂洗涤、流动水冲洗干净，分别挂在墙上标签对应的挂钩上。

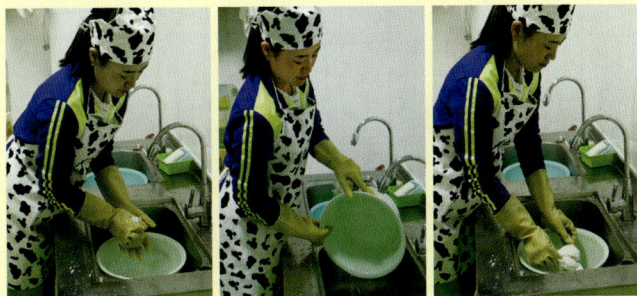

②将残渣布从消毒盆中取出，拧干。倒掉消毒盆中的水，把盆冲洗干净，将残渣布放在消毒盆里备用。

③从墙上标签对应的挂钩上取下擦拭第三遍桌子的清水毛巾。

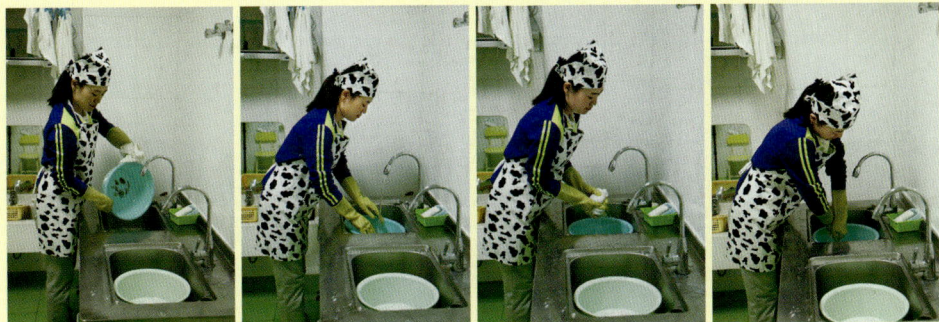

④将清水盆中的水倒掉，接入2/3清水。将毛巾放入清水盆中洗涤、拧干，准备进行第三遍桌子的擦拭工作。

8.擦拭第三遍餐桌。

①10分钟后，走到班级第一张桌子前，将毛巾对折，再对折，擦拭第一张桌子。双手按住毛巾，从上至下、从左至右擦拭，再擦拭桌子边缘。

②走到第二张桌子前，将毛巾翻面。双手按住毛巾，按照从上至下、从左至右、再到桌子边缘的顺序擦拭。

③来到第三张桌子前面，将毛巾打开，翻过来对折。双手按住毛巾，从上至下、从左至右、再到桌子边缘进行擦拭。

④走到第四张桌子前，将毛巾再次翻面。双手按住毛巾、从上至下、从左至右、再到桌子边缘擦拭第四张桌子。毛巾的四个面都用完了，再擦拭第五张桌子时，需要重新将毛巾在清水盆中洗涤干净，然后再进行擦拭，直到班级所有桌子都擦拭完毕。

9.准备幼儿进餐所需物品。

扫码看视频8

①从指定放残渣盘的柜子中取出与班级桌子同等数量的残渣盘。

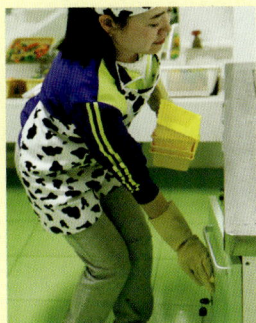

②关好柜门。

③从盆里拿出同等数量的残渣布。

④走到班级桌子旁边，将一个残渣盘和一块残渣布并排摆放在桌子中间。

⑤直至班级所有桌子上都整齐地摆放好残渣盘和残渣布了。

10.摆放小椅子。

①走到第一张桌子旁边，将左边的小椅子拉出，小椅子的左前腿与桌子左边边缘对齐。

②将右边的小椅子拉出，小椅子的右前腿与桌子右边边缘对齐。

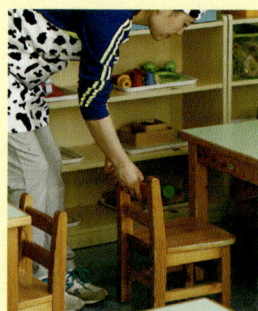

③然后，走到桌子的另一边，将小椅子拉出，小椅子的左前腿与桌子左边边缘对齐。

④然后，走到桌子第三个边，将左边的小椅子拉出，小椅子的左前腿与桌子左边边缘对齐。

⑤将右边的小椅子拉出，小椅子的右前腿与桌子右边边缘对齐。

⑥走到桌子的第四个边，将小椅子拉出，小椅子的左前腿与桌子左边边缘对齐。

⑦走到班级第二张桌子旁边。按照上面的顺序，逐一将小椅子拉出，对齐。直到班级所有的椅子全部拉出，摆放整齐。

## 五、值日生工作

扫码看视频9

### ◎工作内容

指导中、大班幼儿做值日生工作。

### ◎工作标准

1.培养幼儿做值日的兴趣，使值日生能够了解自己的职责，并能积极、主动完成自己的职责任务。

2.指导值日生进行餐前力所能及的各项准备工作。

◎**工作流程**

1.摆放小椅子。

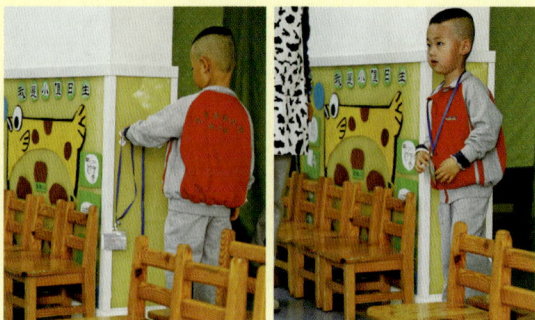

①值日生走进活动室，取下值日生胸牌，戴好。

②值日生搬小椅子，将小椅子的左前腿与桌子短边的左边缘对齐。

③值日生搬来第二把椅子，小椅子的左前腿与桌子长边的左边缘对齐。

④第三把小椅子的右前腿与桌子长边的右边缘对齐；第四把小椅子，左前腿与桌子短边的左边缘对齐。

⑤第五把小椅子左前腿与桌子长边的左边缘对齐；第六把小椅子的右前腿与桌子长边的右边缘对齐。直到班级所有小椅子全部摆放好。

2.清洁双手。

①值日生走到盥洗室，来到洗手池边，打开水龙头。

②水龙头的水流开得小一些，把双手冲湿。

③关上水龙头，从香皂盒中取出香皂，在手上涂抹香皂。

④涂抹出泡沫后，把香皂放回香皂盒中。

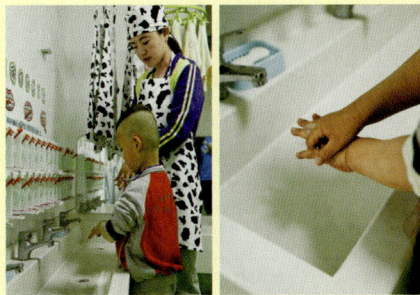

⑤用七步洗手法洗手。第一步，掌心相对，互相搓擦。

⑥第二步，左手掌心放在右手手背上，十指交错，互相搓擦。

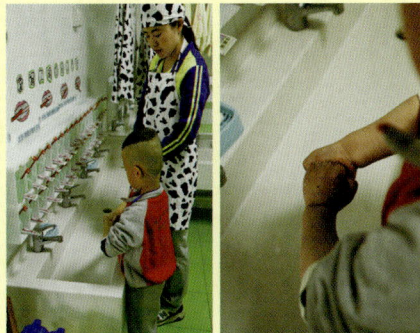

⑦第三步，掌心对掌心，十指交叉，互相搓擦。

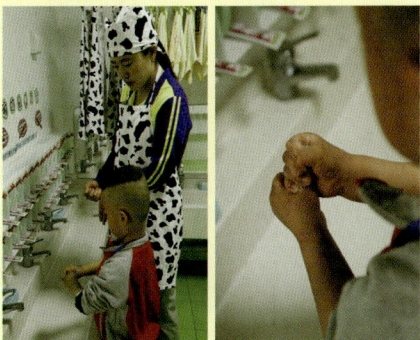

⑧第四步，弯曲各手指关节，双手相扣、揉搓，左、右手交替进行。

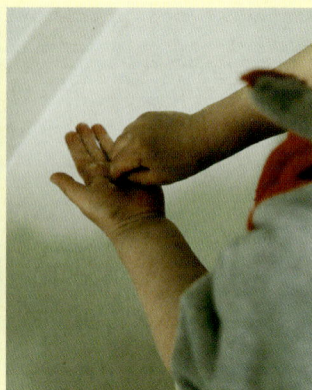

⑨第五步，左手掌心旋转、搓擦右手手指，两手交替进行。

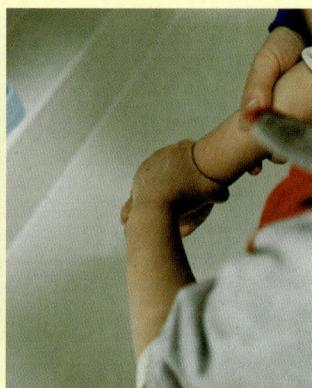

⑩第六步，右手手指在左手掌心旋转、搓擦，两手交替进行。

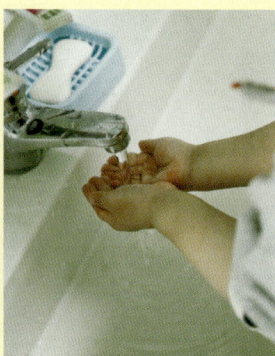

⑪第七步，揉搓手腕，两手交替进行。

⑫打开水龙头，将手上的泡沫用水龙头里的流动水冲洗干净。

⑬然后，捧上一捧水，将水龙头上的香皂泡沫冲干净，再关上水龙头。

⑭将手上残留的水向水池里甩干净。

3.擦手。

①从班级固定放毛巾的地方，取出一块小毛巾。

②将毛巾在左手中打开、铺好，把右手擦拭干净。

③再将毛巾在右手中打开、铺好，把左手擦拭干净。

④双手擦拭干净后，捏住毛巾的扣带，将毛巾挂在贴有自己标识对应的挂钩上。

4.摆放残渣盘和残渣布。

①教师为值日生准备好残渣盘和残渣布，放在指定的、便于值日生取放的位置。

②值日生走到教师放残渣盘、残渣布的地方，拿起残渣盘、残渣布走到班级桌子旁。

③将一个残渣盘和一块残渣布并排摆放在桌子中间。

④直至班级所有桌子上都摆放了整齐的残渣盘和残渣布。

5.看护小朋友餐前洗手。

①值日生站在指定的位置，协助教师看护小朋友洗手。

②值日生帮助挽不上袖子的小朋友挽袖子。

③提醒小朋友水流开得小一些、不玩水、用正确的七步洗手法洗手，及时提醒小朋友用正确的方法擦手。

④值日生逐一检查小朋友的手，闻一闻，看一看，是否使用香皂将手洗干净了。

# 第二节　幼儿进餐环节

## 一、取餐

扫码看视频10

### ◎工作内容

1.按时到厨房取餐。
2.核对餐具数量。

### ◎工作标准

1.严格按照幼儿园规定的时间到厨房取餐，幼儿餐具要用盖布盖上，以防污染，饭菜用锅盖盖上。冬季要注意饭菜保温，夏季要注意饭菜降温。
2.核对厨房分发碗筷情况，发现碗筷有损坏及时更换，数量不足及时补充。
3.保持餐车的清洁与卫生，用后清洁，定期消毒。
4.保持盖布清洁。

### ◎工作流程

1.去厨房门口等候取餐。

①班级消毒工作准备完毕或值日生工作指导完成，按照幼儿园规定的时间，来到厨房门口等候取餐（厨房重地，不可进入）。

②自觉按照取餐的顺序排好队等候。幼儿园根据实际情况决定取餐顺序。如小班幼儿先吃，小班保育员先取，中、大班保育员依次按照顺序取餐；或者楼上班级先取餐，楼下班级后取餐。

2.核对餐具数量。

①保育员根据餐盆上的标记，将写有自己班级名称的、装有碗、筷、勺的餐盆放到餐车上。

②核对厨房分发碗、筷、勺的数量，及时清点、检查。如数量不够，及时补充；发现损坏的，及时更换。

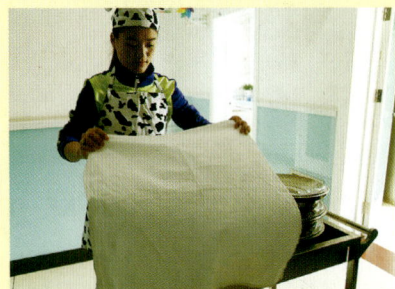

③然后，取一块干净的盖布将餐盆盖住。

3.取餐。

①按照厨房发餐的顺序取餐。

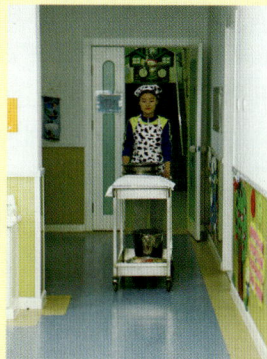

②保育员拿齐饭菜后，把餐车轻轻地推到班级教室，路上注意防止饭菜洒落。

## 二、照顾幼儿进餐

扫码看视频11

### ◎工作内容

1.根据幼儿食谱带量和幼儿进食量进行分餐。

2.照顾幼儿情绪，培养幼儿良好的进餐习惯。

3.指导幼儿餐后擦嘴、漱口、刷牙。

### ◎工作标准

1.了解本班幼儿的进餐量，分餐要均匀，份量适中，注意食物过敏及少数民族幼儿的饮食。

2.幼儿进餐时保教人员要精力集中，注意观察，了解每位幼儿进食量，不要嘲笑、指责或抱怨幼儿因能力弱而打翻饭菜或弄脏衣服等。

3.保证进餐时间（不少于20分钟），轻声、和蔼地指导和帮助幼儿掌握进餐技能，充分咀嚼，不催饭。提醒肥胖儿细嚼慢咽，多吃蔬菜，控制进餐速度，少盛多添。

4.对食欲不好、进餐慢、体弱儿和患病幼儿要了解、掌握其原因，给予照顾，可以适当喂饭，或集中照顾其优先进餐，以免饭菜凉了，影响幼儿消化和吸收。喂饭时，每勺饭菜不要过满，喂饭速度不要过快。

5.教师要了解全班幼儿的进食状况，适当允许幼儿调整自己的进食量，循序

渐进地纠正幼儿已有的不良进餐习惯。

6.注重培养幼儿良好的餐桌礼仪、常规和主动进餐的能力。如幼儿坐姿良好；安静、有序进餐；会正确使用餐具（四岁以上幼儿应学会用筷子吃饭）；不浪费粮食；保持服装、桌面干净、整洁；学会饭菜搭配着吃；咽完最后一口饭，用残渣盘和残渣布收拾好自己面前的桌面卫生，再离开座位。

7.坐姿要求：小脚放在桌子底下，胸脯紧靠桌子，一只小手拿筷子（小班幼儿拿勺子），另一只小手扶住碗；进餐要求：一口饭、一口菜轮流吃，不能吃汤泡饭；送餐具要求：声音要轻，把碗、筷、勺分类摆放在指定的位置。

8.指导幼儿餐后擦嘴、漱口、刷牙。

（1）擦嘴：将一次性餐巾纸平铺、对折，擦第一遍，然后再对折，擦第二遍，再对折，擦第三遍。将餐巾纸搓成小球，放进垃圾桶或小篮里。如果使用擦嘴巾，擦嘴方法相同。擦嘴巾用后及时清洗、晾晒、消毒。

（2）漱口：四岁以下幼儿饭后用温开水漱口，漱口杯里接1/3水，漱三口水即可。早餐后漱口，午餐后刷牙。

（3）刷牙：指导、培养幼儿按顺序正确刷牙（上牙从上往下刷、下牙从下往上刷、咬合面来回刷）、牙膏适量（从牙膏管底部挤牙膏、挤出黄豆粒大小的牙膏即可），保证刷牙时间，按时刷牙，纠正不良刷牙方法及习惯（提醒幼儿不吃牙膏）。刷牙后，把牙刷冲洗干净，按要求放置，牙刷头向上，保持干燥。

◎ 工作流程

1.分餐。

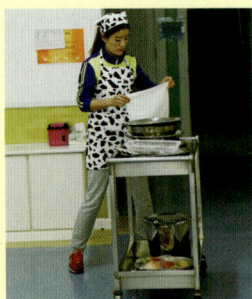

①将餐车推回班级教室，停在班级指定位置。

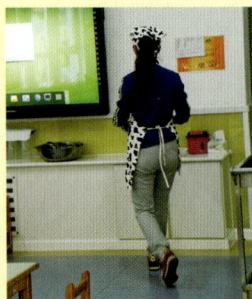

②把餐车中装有主食的餐盆和装有碗、筷、勺的餐具盆拿出来，放在开饭桌上或班级指定分餐的位置。

③由下午班的教师分发饭菜。教师盛菜要均匀，遇到吃肉丸、饺子、大虾等食物时，数清个数，按规定数量平均发放。

④保育员在分餐桌上或指定分餐的位置分发主食。

⑤小朋友排队取餐。

⑥保育员一只手从装有碗、筷的盆中拿出一个碗，另一只手用专用盛米饭的勺子，舀出适量米饭盛入碗中。米饭量根据幼儿平时的进食量要一次盛够（肥胖儿的米饭量为碗的1/3，注意少盛多添）。

⑦保育员盛好一碗饭，送到幼儿手中。

⑧轮到的幼儿从装有小勺子的小筐中取出一把勺。

⑨幼儿接过保育员盛好的米饭碗，走向自己的座位开始进餐。

⑩小班由教师将每名幼儿的菜分发到桌子上，中、大班由值日生来完成。

2.照顾幼儿进餐：集中注意力，细心观察，及时纠正幼儿不良进餐习惯。

（1）食欲不好的幼儿、进餐慢的幼儿、体弱儿和患病儿。

①保育员轻轻地走到幼儿身边，蹲下来，轻轻询问，给予关照。

扫码看视频12

②了解幼儿情况后，可以适当喂饭。

③拿起幼儿的饭碗，舀一小勺米饭试着喂幼儿。给幼儿喂饭时，每勺饭不要过满，喂饭速度不宜过快。可以鼓励幼儿自己进餐，但不可强求，应遵循循序渐进的原则。

（2）肥胖儿。

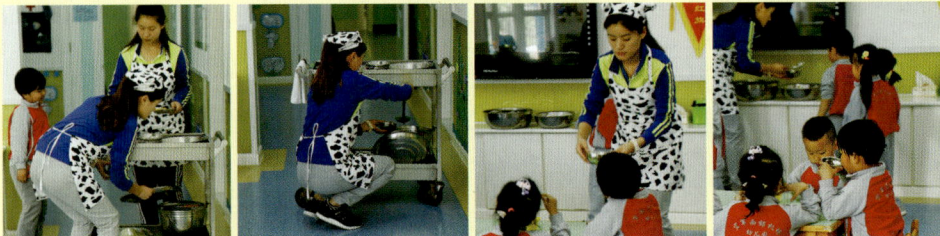

①饭前，先让肥胖儿喝一碗汤。

②进餐过程中，提醒肥胖儿细嚼慢咽，多吃蔬菜，控制进餐速度，少盛多添。肥胖儿在每一次添饭时注意控制饭量，只给少量的饭。在保证儿童生长发育基本需要与膳食营养平衡的基础上，控制肥胖儿的进食总量，避免过量进食，避免肥胖儿过多摄入脂肪。

（3）坐姿不正确的幼儿。

①保育员轻轻地走到幼儿身边，纠正幼儿不正确的坐姿。例如：请幼儿把小脚放在桌子底下。

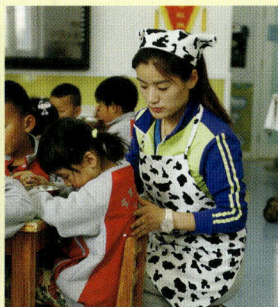

②引导幼儿使用正确的方法拿小勺。

（4）处理幼儿洒饭菜的情况。

①保育员和幼儿轻轻地说"没关系"，让幼儿消除因洒了饭菜而产生的恐惧感。

②让幼儿站到自己座位的旁边，帮助或请幼儿自己将洒在身上的饭菜打扫干净。

③把洒在桌子上的饭菜用残渣布擦进残渣盘里（中、大班幼儿鼓励其自己处理）。

④来到幼儿衣物柜前，帮幼儿取出干净的衣服。

⑤帮助幼儿脱下弄脏的衣物，换上干净的衣服后，坐回座位，继续进餐（中、大班幼儿自己换上干净的衣服）。

⑥来到盥洗室，打开专用柜门，从柜子里取出专用洗衣盆。

⑦将脏衣服放在洗衣盆里，放点儿洗衣粉，接水，将衣服泡上。待幼儿进餐完毕后，再洗涤衣物。

⑧然后拿上扫帚、簸箕来到活动室，将幼儿洒在地上的饭菜轻轻地扫进簸箕里。

⑨再回到盥洗室，将簸箕里的垃圾倒入垃圾桶内。

⑩将簸箕在墩布池内冲洗干净并控干。

⑪把簸箕、扫帚放回原处。

⑫从墙上对应标签的挂钩上取下活动室专用墩布。

⑬来到活动室，把地上残余的菜汤擦拭干净，以免幼儿滑倒。

3.指导幼儿将餐后桌面整理干净。

①提醒和指导吃完饭的幼儿，咽完最后一口饭。

②拿起桌子上的残渣布和残渣盘。

③将残渣盘放在自己面前的桌子边上，用残渣布将桌面残渣轻轻地擦入残渣盘中。

④待自己面前的桌面擦干净后，将残渣盘、残渣布放回原来的位置。

⑤将小椅子收回桌子下面。

⑥端起自己的碗、筷或勺和盘子，来到指定放用完餐具的地方。

⑦将用完的餐具分类摆放在指定位置，碗和碗放在一起，盘子和盘子摞在一起，小勺或筷子放在小筐里。

4.指导幼儿擦嘴、漱口、刷牙。

（1）擦嘴。

扫码看视频13

①从餐巾盒中取出一张餐巾纸。

②平铺在双手上，擦嘴后对折。

③然后，擦第二遍后，再对折。

④最后，搓成小球，擦擦手指。

⑤将擦嘴后的餐巾纸放入小垃圾桶中。

（注：在使用擦嘴毛巾的幼儿园，保育员指导幼儿从放擦嘴毛巾的小筐里取出一块擦嘴毛巾，平铺在双手上。擦嘴后对折，然后再擦第二遍再对折，再擦一遍再对折，最后团成一团，擦擦手指，再放入专门放用过擦嘴巾的盆里，以便保育员进行清洗）

（2）漱口。

①四岁以下幼儿饭后用温开水漱口。幼儿从漱口杯架上自己的名字或照片或标志对应的漱口杯格子中取出自己的杯子。

②来到保温桶或净水器旁边，往漱口杯里接入1/3水量。

③然后，回到盥洗室的水池边，喝第一口水，在口腔里"咕噜咕噜"水。

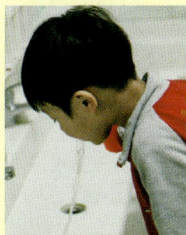

④然后低下头，将口中的水吐进水池中。

⑤喝第二口水，再"咕噜咕噜"。

⑥然后低下头，将口中的水吐进水池中。一共漱三口。

⑦漱完口后，将杯中剩下的水倒掉。把杯子放回漱口杯架上，离开盥洗室。

（3）刷牙（早餐后漱口、午餐后刷牙）。

①幼儿来到漱口杯架旁边。

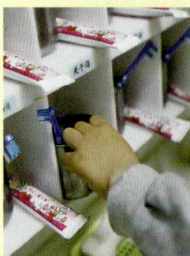

②从自己的名字或者标志对应的漱口杯架格子里，取出自己的杯子、牙刷、牙膏。

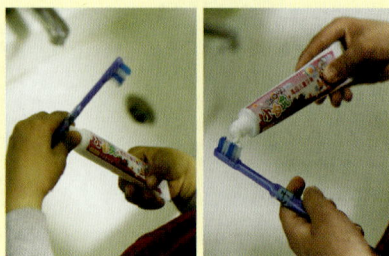

③打开牙膏的盖子，从牙膏的底部开始，一点儿一点儿地往上挤牙膏。

④挤出黄豆粒大小的牙膏后停止，将挤出来的牙膏抹在牙刷上，将牙膏盖子盖好。

⑤把牙膏放回杯架的相应格子里，往杯子里接入2/3水量。

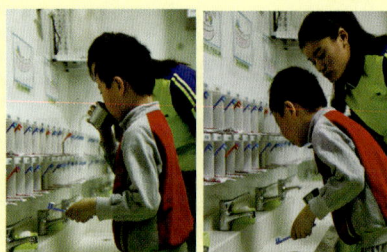

⑥喝一口水，"咕噜咕噜"吐出来。

⑦开始刷牙。上牙从上往下刷、下牙从下往上刷、侧面转圈刷、咬合面来回刷。刷牙时长约为3分钟。

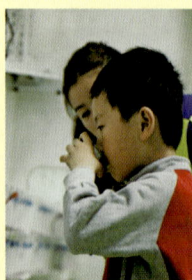

⑧刷完牙后，喝一口水，"咕噜咕噜"漱口。

⑨然后低下头，将口中的水吐进水池中，直到将牙杯里的水全部漱光为止。

⑩检查一下牙刷和杯子，看是否有残余牙膏。

⑪冲洗掉杯子上残余的牙膏沫，再冲洗掉牙刷上残余的牙膏。

⑫然后将牙刷刷头朝上，放入杯子中，再把杯子放入漱口杯架子的格子里。

⑬离开盥洗室。

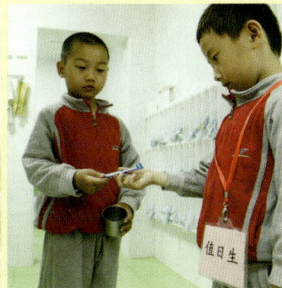

⑭中、大班可以由值日生来检查幼儿刷牙情况或检查刷牙后牙刷、牙杯的清洁情况。

（注：牙刷每使用三个月更换一次。牙刷有龇毛现象时，应及时更换）

扫码看视频14

# 三、餐后卫生

## ◎工作内容

1.送餐具。
2.清洁餐后班级环境。

## ◎工作标准

1.幼儿进餐过程中，教师不扫地、不擦地、不铺床，保证幼儿进餐时的卫生。
2.幼儿进餐结束后，再从事清洁桌面、打扫地面等工作。
3.剩饭菜送回厨房，不得自行处理，不得当着幼儿的面处理剩饭菜。

## ◎工作流程

1.整理餐具。

①将还有残余剩饭的碗、盘先放在旁边，把碗、盘里的剩饭菜集中到一个碗里。

②将每张桌子上的残渣擦干净，再将残渣盘和残渣布都收到分餐桌上。

③将幼儿归位好的、没有残渣的空碗、空盘整齐地摞在一起，放入装碗、盘的餐盆中。

④将盛有小勺或筷子的小筐也放入餐盆中，整齐地码放好。

2.处理剩饭菜。

①将所有的剩饭菜集中倒入一个碗中。

②将残渣盘中收拾的残渣也倒入装有剩饭菜的碗中。

③将需要清理剩饭菜的碗放在所有碗的上面。

④然后再端起餐盆放入餐车中。

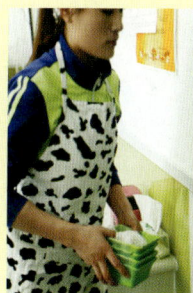

⑤将残渣盘、残渣布拿到盥洗室准备清洗。

⑥没有吃完的、干净的剩饭菜要单独放在盆里。主食不可以和蔬菜混合放置，两种蔬菜也不可以混合放置。

3.送餐具。

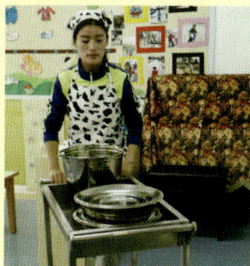

①待所有碗、盘、筷子、勺子都整理好、放入餐车后，将餐车轻轻推到厨房门口。

②先将清理出来的剩饭菜倒入专门的剩饭菜垃圾桶中。

③将餐盆、汤桶等容器一一放在厨房指定的地方或交给厨房工作人员。

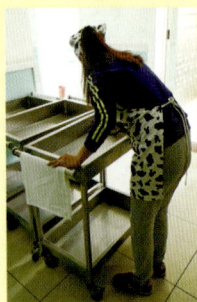

④然后将餐车推到指定的位置，摆放整齐。

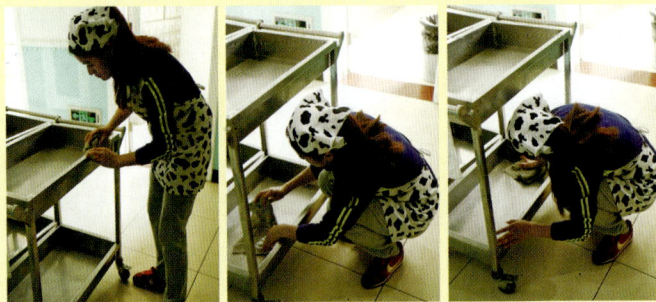

⑤用专用的清洁抹布把餐车擦拭干净，不要残留饭菜、污渍等。

（注：使用电梯运送餐食的幼儿园，保育员将餐车推到电梯旁边，把餐盆、汤桶等餐具送入电梯里，合理码放好，防止电梯在运行中餐具掉入电梯、影响其正常运行的现象发生。按照电梯使用规则，轻轻关上电梯门，按下按钮。然后，将餐车擦拭干净后，下楼来到电梯处，将餐具送入厨房，关上电梯门，离开）

**4.清洁桌面。**

扫码看视频15

①用清洁桌子的抹布将每张桌子从上至下、从左至右彻底擦拭。

②再将桌子边缘、夹缝里的残渣擦拭干净。

③然后来到盥洗室，把抹布放在专用的清洁盆中，准备洗涤。

5.地面清洁（如还有幼儿在吃饭，不得清洁地面）。

①拿起扫帚、簸箕走到活动室，来到餐桌旁边准备清洁地面。

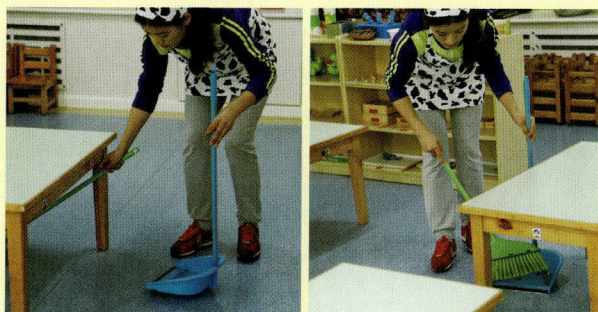

②手中拿着扫帚和簸箕，在第一张桌子旁边，围着桌子将地上的残渣扫进簸箕里。

③走到第二张桌子旁边，围着桌子的边缘将地上的残渣扫进簸箕里。

④直到班级地面都清扫干净为止。

⑤将簸箕里的残渣，用扫帚轻轻地扫进垃圾桶里。

⑥如果簸箕里有残留菜汤渍，来到墩布池旁，打开水龙头，将簸箕里的菜汤渍冲洗干净，再将簸箕控干。

⑦把扫帚、簸箕放回原来的位置。

⑧来到墩布池前，从墙上标签对应的挂钩上取下活动室专用墩布（墩布应为半湿、半干，避免地面太湿，导致幼儿滑倒）。

⑨来到活动室餐桌前，将地面用墩布擦拭干净。早餐后，擦拭幼儿的就餐区域；午餐和晚餐后，将整个活动室地面全部擦拭干净。

⑩回到盥洗室的墩布池前，打开水龙头，将墩布充分涮洗干净，控干水分。

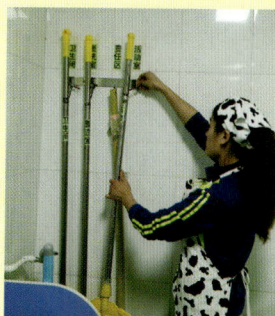

⑪将墩布挂在墙上标签对应的挂钩上。

扫码看视频16

6.清洗残渣布、抹布和残渣盘。

①将残渣布铺在搓衣板上。

②拿起肥皂在残渣布上均匀涂抹后，把肥皂放回肥皂盒。

③双手在搓衣板上充分揉搓残渣布，直至全部搓完。

④将擦桌子的抹布铺在搓衣板上，把肥皂均匀地涂抹在抹布上。

⑤双手在搓衣板上充分揉搓抹布。

⑥待抹布搓干净了，用流动水将残渣布、抹布充分洗涤干净，然后拧干。

⑦晾在统一规定的位置。

⑧把清洁盆中的脏水倒掉，把盆洗干净。

⑨打开放清洁用品的柜门，将清洁盆放回柜子中。

⑩再从柜子里取出百洁布、洗涤灵。

⑪百洁布用水冲湿。

⑫将洗涤灵挤在百洁布上。

⑬拿起一个残渣盘，用百洁布在盘子里面来回涂抹，再把盘子外面也抹一遍，放在一边。

⑭拿起第二个残渣盘，用同样的手法抹净盘子里外，直到所有的残渣盘都用洗涤灵抹过一遍。

⑮打开水龙头，开始将残渣盘一一用流动水冲洗干净。

⑯把盘子里的水控干。

⑰把控干水分的盘子放在指定的位置。

⑱打开清洁用品专柜，把百洁布、洗涤灵放回原处。

⑲将水池台面上的残余水分用刮子清理干净，然后放回清洁用品柜中。

⑳将开餐用的围裙脱下来，整理好，放在指定的衣物柜中。

7.清洁水池台面、镜子。

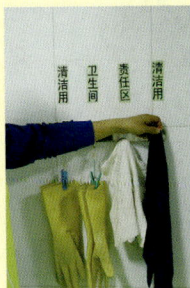

①从墙上标签对应的挂钩处取下日常清洁用抹布。

②走到幼儿洗手池旁边，将台面上的水擦进水池里，用抹布将台面擦干净。

③然后把抹布洗干净，将镜子从左至右、从上至下擦拭干净。

④再将抹布洗涤干净后，拧干。

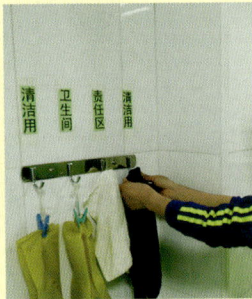

⑤挂在标签对应的挂钩上。

8.清洁盥洗室地面。

①来到挂墩布的挂钩前，从墙上标签对应的挂钩上取下盥洗室专用墩布（墩布为半湿、半干）。

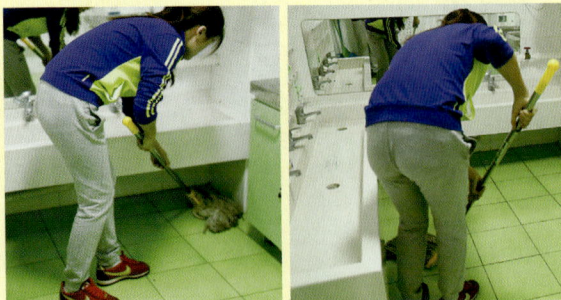

②把盥洗室的地面从里到外按顺序擦拭干净。

③打开水龙头。

④将墩布充分涮洗干净，控干水分，挂在墙上标签对应的挂钩上。

9.清洁卫生间地面。

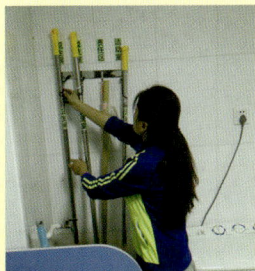

①来到挂墩布的挂钩面前，从墙上标签对应的挂钩上取下卫生间专用墩布（墩布为半湿、半干）。

②把卫生间的地面从里到外按顺序擦拭干净，一直拖到墩布池旁边。

③打开水龙头。

④将墩布充分涮洗干净，控干水分。

⑤将墩布挂在墙上标签对应的挂钩上。

# 第三节　区域活动环节

◎工作内容

1.指导值日生照料自然角的植物和动物。

2.归位和摆放区域的玩具。

扫码看视频18

◎工作标准

1.指导值日生学习照料自然角的植物，爱护植物，会给植物浇水，给小动物喂食。在教师的指导下，做好植物生长记录。

2.区域活动后，及时将玩具归位并摆放整齐，清理活动后的垃圾。

①中、大班保育员指导
值日生，小班保育员引
导幼儿。

②根据值日生分工，指
导值日生给植物浇水、
清洁叶子等。

◎**工作流程**

1.幼儿区域活动中。

①教师帮助值日生给小
鱼或乌龟换水。

②给小鱼或乌龟喂食。

③进行捡拾垃圾等清洁
工作。

④引导幼儿观察植物。

⑤拿起自然角的观察记
录本。

⑥按照记录顺序，打开
到应记录的页面，教师
指导幼儿把所观察到的
植物变化记录在观察记
录本上。

扫码看视频19

2.小班区域活动后整理玩具。

①区域活动结束后，指导小班幼儿按照玩具柜或玩具筐上面的标识，将自己手中的玩具分类码放。

②玩具收好后，教师带领幼儿离开区域。

③保育员整理幼儿没有收拾完、落下的玩具，按照玩具柜或玩具筐上面的标识分类码放。

④然后从盥洗室拿出清洁抹布、扫帚、簸箕。

⑤来到幼儿活动区域。

⑥先用抹布将桌子上幼儿剪纸剩下的碎纸屑、玩橡皮泥后的残渣等擦进簸箕里。

⑦然后用扫帚将地上的纸屑、橡皮泥残渣等扫进簸箕里。

⑧回到盥洗室，将簸箕里的垃圾倒入垃圾桶。

3.中、大班区域活动后整理玩具。

①中、大班区域活动结束后，所有幼儿收好自己手中的玩具后，离开区域。

②值日生留下来，按照玩具标识，整理小朋友没有收拾好的玩具。

③保育员从盥洗室拿出清洁抹布、扫帚、簸箕。

④来到幼儿活动区域。

⑤先用抹布将桌子上幼儿剪纸剩下的碎纸屑、玩橡皮泥后的残渣等擦进簸箕里。

⑥然后，用扫帚将地上的纸屑、橡皮泥残渣等扫进簸箕里。

⑦回到盥洗室，将簸箕里的垃圾倒入垃圾桶。

## 第四节　集体教学活动环节

◎工作内容

扫码看视频20

1.熟悉教学活动目标，帮助教师准备教学用具，协助教师摆放和分发教具。

2.配合教师进行集体教学活动。

3.开展活动后的清洁与整理工作。

## ◎ 工作标准

1.熟悉教师教学活动的目标及活动过程。

2.帮助教师准备教具并配合活动过程适时收发教具。

3.按照要求在指定位置站好，不可以干扰教师组织教学活动。

4.当教师进行教学活动时，不可以做与教学无关且干扰幼儿的卫生清洁工作。

5.在配合教学活动中，保育员的语言不可过多，语言提示要适当，声音不可过大，以免影响教师教学活动。

6.配合教师做好个别幼儿的辅导。

7.协助教师指导幼儿将桌椅归位，再进行活动场地的清洁与整理工作。

## ◎ 工作流程

1.活动前。

①活动前和教学教师进行沟通，在准备教具的过程中检查玩、教具的质量是否完好无损。

②检查玩、教具的数量是否充足，如数量不足，应及时补充。

2.活动中。

①教师在进行教学活动的过程中，保育员要随时注意观察教师教学活动的进展情况，密切配合教师的教学需要，及时提供必要的帮助。如：帮助教师捡拾掉落的图片等。

②协助教师为幼儿分发教学用品或教具。

③在教学活动过程中，协助教师带领幼儿做示范动作、播放音乐、钢琴伴奏等配合工作。

④注意观察幼儿，提醒个别注意力分散的幼儿注意听教师讲解和演示等，帮助教师保证整个教学活动顺利、有序进行。

⑤善于观察幼儿活动时发生的各种情况，发现幼儿有不良的学习习惯时，要走到幼儿身边，轻轻地告诉他，帮助他纠正。

⑥发现幼儿有注意力转移或打扰其他幼儿的行为时，要走过去及时制止。

⑦在幼儿操作困难时，进行简单的辅导。

3.活动后。

①教学活动结束后，保育员要协助教师一起收拾活动场地。

②协助教师帮助幼儿把作品展示在作品栏上。

③协助教师或帮助幼儿将教学用具或幼儿作品收集上来。

④如活动中有碎纸屑或液体洒漏，要及时清扫、拖擦地面。

⑤把活动废弃物扔进垃圾桶。

# 第五节　加餐环节

扫码看视频21

## ◎工作内容

1.加餐前桌面消毒工作。

2.取加餐。

3.照顾幼儿吃加餐。

4.加餐后的清洁工作。

## ◎工作标准

1.加餐前15分钟，按照清水—消毒液—清水的顺序做好餐桌的消毒工作。

2.按照规定时间到厨房取回加餐。

3.切好的水果要用保鲜膜及时覆盖，防止水果表面氧化及营养流失。

4.切分水果的大小要注意符合幼儿年龄特点，尽量让幼儿自己剥皮。

5.水果刀用后要及时清洗干净，干燥保存，放在幼儿触摸不到的安全地方。

6.幼儿要使用加餐盘吃加餐，加餐盘用后应及时清洗干净并消毒。

(注：注意分餐要均匀，特殊情况时可以根据幼儿身体情况考虑分餐量)

## ◎工作流程

1.清洁双手（见P8"第一节　幼儿来园前的准备工作　一、个人清洁 2.清洁双手"）。

2.配比消毒溶液（见P13"第一节　幼儿来园前的准备工作　三、

扫码看视频22

环境清洁 2.环境清洁 （1）准备工作，配比消毒溶液"）。

3.擦拭第一遍餐桌（见P19"第一节 幼儿来园前的准备工作 四、餐前准备 4.擦拭第一遍餐桌"）。

4.擦拭第二遍餐桌（见P21"第一节 幼儿来园前的准备工作 四、餐前准备 5.擦拭第二遍餐桌"）。

5.等待消毒液在桌面上停留10分钟。

6.清洗毛巾（见P22"第一节 幼儿来园前的准备工作 四、餐前准备 7.清洗毛巾"）。

扫码看视频23

7.擦拭第三遍餐桌（见P23"第一节 幼儿来园前的准备工作 四、餐前准备 8.擦拭第三遍餐桌"）。

8.准备幼儿加餐时的饮用水。

扫码看视频24

①来到盥洗室，从毛巾架上取下残渣布。

②将残渣布拿到餐桌前，将残渣布对折，再对折，叠好，摆放整齐。每张餐桌摆放一块残渣布。

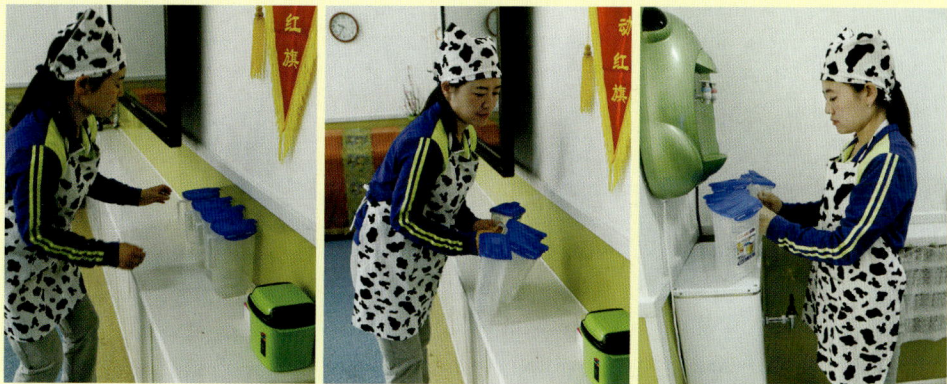

③把幼儿喝水用的、班级固定位置的凉水壶都拿到保温桶或净水器前。

④放下所有的凉水壶。

⑤拿起一个凉水壶，对准水龙头，打开开关，将水接入凉水壶里。

⑥接完第一壶水，再接第二壶水，直到全部凉水壶都接好水。

⑦把接好水的凉水壶拿到幼儿餐桌上。凉水壶的盖子不可以垂直敞开，应虚掩着，以免落入灰尘。

9.取加餐。

扫码看视频25

①来到盥洗室专用柜子前。

②从柜子里取出专门用来盛加餐的容器（盆或桶）。

③在规定的时间去厨房取加餐（厨房重地不可进入），按照取餐的顺序排队等候。

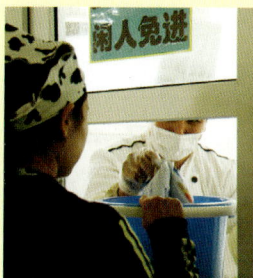

④拿到加餐后，将牛奶、饼干、干果或其他间点放进桶里，并盖好盖子。

⑤将加餐拿回班级。

10.分加餐和牛奶。

①保育员将装有加餐的桶放在班级统一指定的分餐桌上。

②从班级的消毒柜中取出幼儿吃加餐用的加餐盘和剪袋装牛奶的专用剪刀。

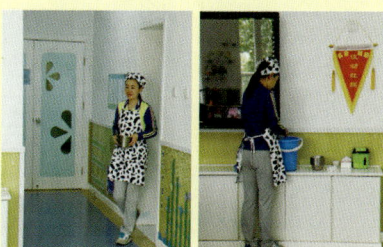

③将加餐盘放在分餐桌上。

④用加餐专用夹子将间点夹入加餐盘中。

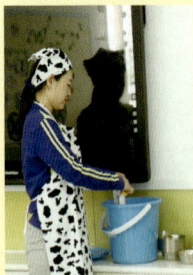

⑤从装有加餐的桶中取出一袋牛奶，用剪刀在袋装牛奶的边角处斜着剪一个小口。

⑥幼儿洗手后，从水杯架上取出自己的水杯，排队等候保育员分加餐，倒牛奶。

⑦按排队顺序给幼儿往杯中倒入牛奶。

⑧幼儿端着自己的加餐和牛奶，回到座位上坐好，吃加餐，喝牛奶。

11.照顾幼儿吃加餐。

①教师要细心观察，在餐桌旁巡视，及时纠正幼儿不良饮食习惯，如不良坐姿等。

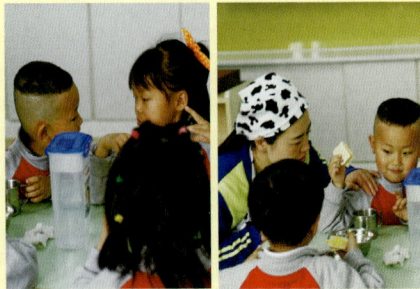

②同时，提醒幼儿，进餐时不要说笑、打闹。

③发现小班幼儿把水洒在桌子上，教师要及时清理干净。中、大班要为幼儿提供抹布，引导幼儿自己收拾洒了水的桌面。

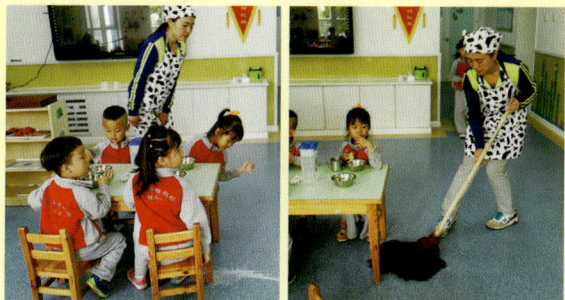

④如果幼儿将水洒在了地上，保育员应立即从盥洗室墙上标签对应的挂钩上取下活动室专用墩布（墩布应为半湿、半干，避免地面太湿致使幼儿滑倒），将幼儿洒在地面上的水及时用墩布擦拭干净。

⑤回到盥洗室的墩布池前。

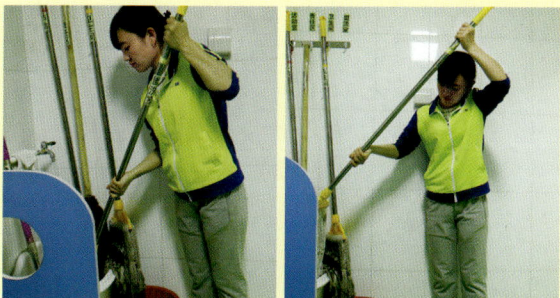

⑥打开水龙头，将墩布充分涮洗干净，控干水分。

⑦将墩布挂在墙上标签对应的挂钩上。

12.照顾幼儿喝奶、喝水。

扫码看视频26

①幼儿将水杯里的牛奶全部喝完后，拿起桌子上教师事先准备好的凉水壶，往自己的水杯里倒入适量的温开水。

②教师指导幼儿自己倒水，培养幼儿多喝水，确保口腔内无奶味残留。

③指导幼儿喝完水后，将水杯放回水杯架上，加餐盘归位，放在统一指定的位置。

④保育员检查幼儿水杯，如有残留牛奶要清洗干净，再放回水杯架上。

⑤将水杯架上的挡帘拉好，避免落入灰尘。

13.清洁桌面。

①将幼儿吃完加餐后统一归位的加餐盘拿到盥洗室中，准备进行清洗。

②将幼儿喝完水的凉水壶拿到统一指定放凉水壶的地方摆放好。

③将凉水壶的盖子盖严。

④用专用纱布将凉水壶统一盖好。

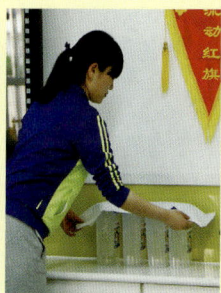

⑤用抹布将餐桌上的水渍、残渣擦拭干净。

14.清洁地面。

①到盥洗室拿来扫帚和簸箕。

②走到第一张桌子旁，围着桌子，将地面上的残渣扫进簸箕里。

③走到第二张桌子旁，围着桌子，将地面上的残渣扫到簸箕里。直到班级所有的地面都清扫干净。

④回到盥洗室，走到垃圾桶旁边，将簸箕里的残渣用扫帚轻轻地扫进垃圾桶里。

⑤簸箕里如还有残渣，来到墩布池旁，打开水龙头（水流不要开得太大），将簸箕里的残渣冲干净，将水控干。

⑥把扫帚、簸箕放回原来的位置。

15.清洗并消毒加餐盘。

扫码看视频27

①从柜子里取出清洗加餐盘的百洁布、洗涤灵。

②把百洁布用水冲湿,再将洗涤灵倒在百洁布上。

③拿起一个加餐盘,用百洁布在盘子的里面来回刷,再把盘子翻过来,外面也刷一遍,放在一边。直到所有的加餐盘都用洗涤灵刷洗过。

④刷完后,将百洁布冲洗干净,把百洁布和洗涤灵收放在消毒物品柜中。

⑤打开水龙头,在水龙头下面开始将加餐盘、剪刀用流动水冲洗干净。

⑥把盘子里的水控干，放在指定的位置。

⑦从挂钩上摘下专用擦拭加餐盘的清洁布。

⑧将每个加餐盘上的剩余水渍擦干净（如加餐盘带有水渍，消毒加餐盘时，盘面会留下印记）。

⑨打开消毒柜的门。

⑩将加餐盘逐一放进消毒柜中的架子上。盘子与盘子之间要留有空隙，这样才可以达到消毒的目的。

⑪待所有加餐盘全部放入消毒柜中，关上消毒柜的门。

⑫插上电源，按下按钮，开始消毒。

16.打扫盥洗室。

（1）水池台面。

扫码看视频28

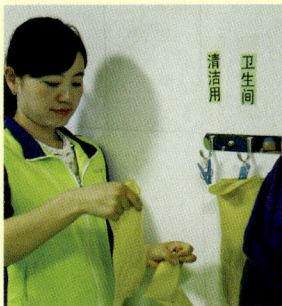

①从墙上标签对应的挂钩处取下日常清洁用胶皮手套并戴好。

②从墙上标签对应的挂钩处取下日常清洁用抹布。

③走到幼儿洗手池旁边，先将水池里的残渣捡拾干净，扔进垃圾桶。

④从消毒物品柜中取出清洁剂，擦拭水池台面、水池里面和水龙头。

⑤刷完水池，打开水龙头，将残留的清洁剂冲洗干净。

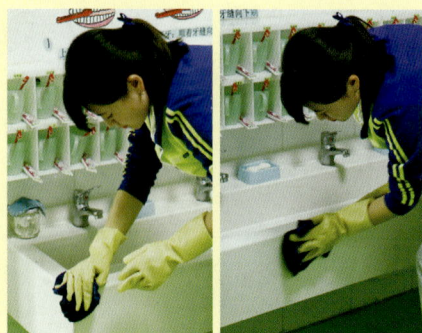

⑥冲洗完毕后，用清洁毛巾将水池台面残留的水分擦拭干净。

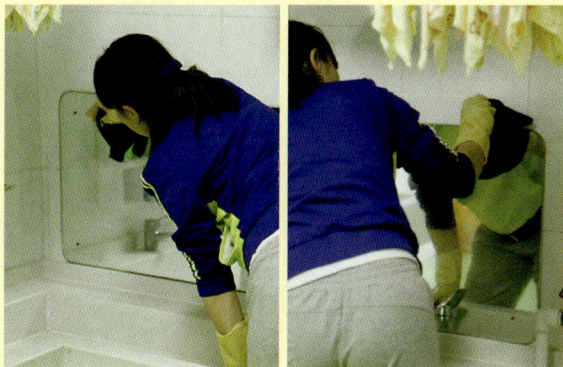

⑦将镜子从左至右、从上至下擦拭干净。

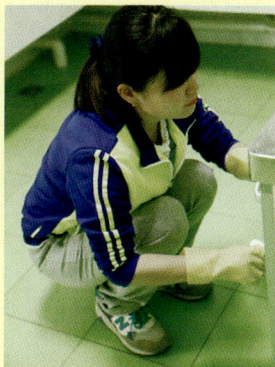

⑧将清洁剂放回消毒物品柜中。

⑨再将清洁毛巾洗涤干净后，拧干。

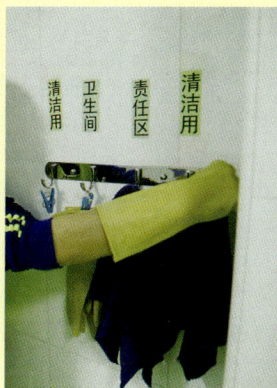

⑩将清洁毛巾挂在标签对应的挂钩上。将清洁用胶皮手套脱下，挂在对应标签处的挂钩上。

（2）盥洗室地面。

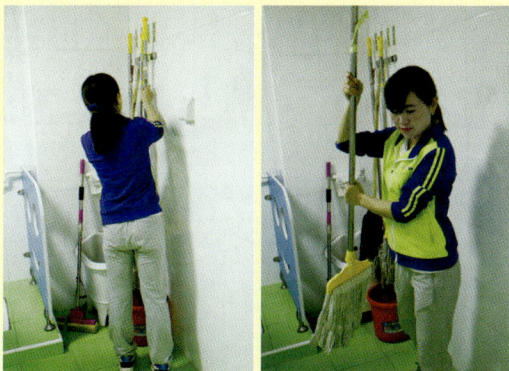

①来到墩布池前，从墙上标签对应的挂钩上取下盥洗室专用墩布（墩布为半湿、半干）。

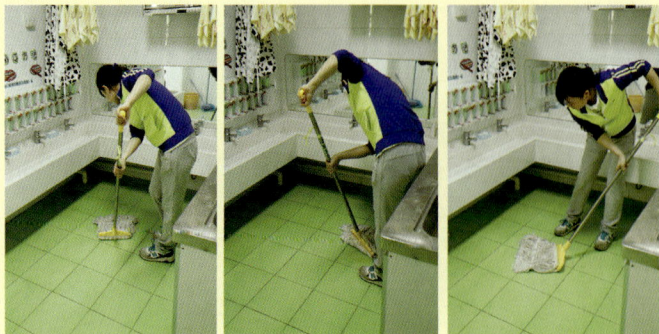

②把盥洗室的地面从里到外按顺序擦拭干净。

③来到墩布池前，打开水龙头。

④将墩布充分涮洗干净，控干水分。

⑤墩布挂在墙上标签对应的挂钩上。

# 第六节　户外活动环节

## 一、活动前的准备

扫码看视频29

### ◎工作内容

1.场地安全检查。

2.协助教师进行户外玩具的准备。

3.活动前的幼儿生活照顾。

◎ **工作标准**

1.照顾幼儿进行户外活动前的如厕：小班指导并给予适当的帮助，中、大班检查幼儿整理衣物情况。要求一层衣服、一层裤子，盖好小肚皮。

2.帮助幼儿根据季节及天气情况增减衣物，检查服装、鞋子、帽子的安全。

3.外出时，关闭室内水、电，并开窗通风。

4.做好为幼儿活动后饮水的准备工作。

5.做好幼儿户外活动前的场地安全检查工作，确保活动场地的安全。

6.协助教师做好户外活动的玩具准备工作。

◎ **工作流程**

1.照顾幼儿如厕。

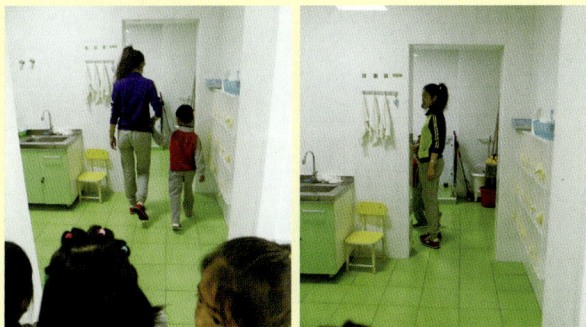

协助教师在卫生间组织幼儿有秩序地如厕，为户外活动做准备。

2.检查幼儿服装。

①冬季帮助幼儿穿棉背心，春、秋季根据天气冷暖帮助幼儿及时增减衣物。

②清点幼儿人数。

③检查幼儿的拉链、鞋带、马甲、帽子等。

3.检查班级水、电情况。

①待所有幼儿全部离开后，保育员检查水龙头，发现没有关上的水龙头要及时关上。

②将室内所有的灯、空调等电器全部关上。

③把活动室的窗户都打开，进行开窗通风。

扫码看视频30

## 4.准备饮用水。

①从班级固定的位置把幼儿喝水用的凉水壶拿到保温桶或净水器前。

②拿起一个凉水壶，从净水器里接入饮用水。

③将水接入凉水壶，水量为凉水壶的3/4。根据幼儿平时户外活动回来时的饮水量，接入适量的饮用水（使用保温桶的幼儿园，把凉水壶事先接好的水倒入保温桶中，凉水壶的壶口不能开放式晾水，避免落入异物或灰尘）。

## 5.场地安全检查。

①户外活动前，保育员来到活动场地，进行安全检查。

②检查地面有无积水、砂石、玻璃、木棍、坑等，地面是否湿滑等，发现危险因素及时处理。场地周围如有水池或带棱角的花坛，应避开此处开展户外活动。

③检查摇椅、荡船、秋千等玩具是否有螺丝松动、绳索是否牢固、重心是否稳定（大型玩具有无生锈、腐蚀的地方、金属槽内有无锐利或者比较尖的边缘，及时报告维修）。

④检查体育活动器械是否存在安全隐患，滑梯上是否有积水、灰尘或杂物。如有这些问题，应及时清理。

⑤检查木质玩具表面、侧面是否有毛刺。

⑥检查户外塑料玩具有无变形、开裂的地方，或者有缠绕、容易卡住和剐到幼儿的地方。

（注：要合理使用场地，如不规则的场地不适合进行跑步类游戏、粗糙的水泥地面不适合跳跃类游戏、狭小的场地应分组或有序、轮流使用，防止因过分拥挤导致安全事故的发生）

6.准备活动中使用的玩具和教具。

①主动询问班级教师是否需要帮助制作玩具、教具，及时与班级教师沟通，了解教育活动的内容及目标，提前知道活动内容是什么，熟悉班级教师组织幼儿户外活动的教学程序。需要哪些玩具、教具和器械，需要的具体数量是多少，并按照需要的数量进行准备。

②协助教师在场地内摆放玩具。

③检查玩具或器械数量是否充足，不够时应及时补充（中、大班可以由保育员指导值日生摆放场地活动玩具）。

（注：幼儿器械的准备要合理，数量不宜过少，避免幼儿因争夺器械而受伤。器械取放环节不合理，如绳类和棍棒放置无序，容易纠缠在一起，导致幼儿用力拉扯而受伤。每次投放的新器械种类不宜过多，避免因教师无法全面指导而出现器械伤人的现象）

## 二、活动中的配合

### ◎工作内容

1.关注幼儿活动量及情绪表现。
2.配合教学活动进行个别指导。
3.参与教学活动。

扫码看视频31

## ◎工作标准

1.配合班级教师做好户外活动前玩具材料的摆放工作。

2.协助班级教师组织幼儿户外活动，了解教育活动内容并参与活动。

3.活动中，注意观察幼儿情绪、活动量，照顾个别幼儿和体弱儿，发现问题及时解决、处理。

4.患病儿应停止锻炼，由保育员照顾。

5.督促、提醒、指导肥胖儿加强体育运动。

6.指导幼儿在活动中会使用手绢或面巾纸擦汗或擦鼻涕。

7.做好活动中需要如厕幼儿的照顾。

## ◎工作流程

1.摆放活动玩具。

②摆放体育器材时，要按照"安全、合理、实用"的原则，注意场地安全。

①检查活动场地、熟悉活动内容，将本次户外活动玩具材料在相应的场地内摆放好。

③注意设施和投放的各种体育器材的安全性，确保体育活动能安全、顺利进行（中、大班可以指导值日生来摆放玩具）。

2.参与教学活动。

①提前了解教学活动内容和目标，知道教师的活动过程。

②与幼儿一起参与到活动中，增强幼儿参与活动的积极性。

3.活动中观察幼儿。

保育员应通过以下几个方面来观察幼儿运动的负荷量是否适宜。要注意观察幼儿活动过程中和完成后的精神状态、情绪、面色、呼吸、出汗程度、食欲、睡眠等多项内容，以此来判断运动负荷属于"适度疲劳"，还是"过度疲劳"。

扫码看视频32

（1）适度疲劳：

活动中，幼儿脸色稍红，出汗不多，呼吸较快；动作协调、准确，步态轻盈、稳健；注意力集中，反应正常，情绪愉快。运动后，幼儿食欲增加、情绪良好；入睡较快，睡眠良好；再参加其他活动时，表现出精神爽、情绪良好、练习状态稳定等状态。

（2）过度疲劳：

活动中，幼儿脸色十分红或苍白，大量出汗，呼吸急促、节奏紊乱；动作协调性、准确性和速度均降低，甚至出现步态不稳、颤抖等现象；同时，注意力分散、反应迟钝，表现出倦怠或疲乏。运动后，幼儿食欲一般或降低，甚至伴有恶心或呕吐现象，入睡较慢或很难入睡，睡眠一般或出现睡眠不安稳；再次参加其他活动时，表现出精神不振或精神恍惚、心悸，厌倦练习活动。活动中，还要注意观察幼儿动作的协调性、活动状况，加强运动中的保护，提前发现可能存在的安全隐患并及时制止幼儿的不当行为，避免运动伤害。发现幼儿不舒服或出现适度疲劳时，应提醒他们休息。活动中，对不舒服的幼儿要及时照顾。有需要的话，可以将幼儿带到保健室，交由保健医处理。发现有幼儿出汗了，要指导幼儿擦汗。如果幼儿大量出汗，要终止其活动，将他带到一边，稍作休息。

4.指导幼儿擦汗。

①活动中，发现幼儿大量出汗，可以停止活动，将幼儿带到一边，帮助幼儿擦汗。

②指导幼儿将擦过汗的纸巾扔到指定的垃圾桶内。

5.照顾患病幼儿。

①保育员要对不能参与活动的幼儿进行照顾，如照顾个别幼儿和体弱儿，要把他带在身边，不可以让其离开自己的视线。体弱儿童的锻炼应较健康儿童缓慢，运动时间缩短。教师应仔细观察体弱儿的反应。

②患病幼儿应停止锻炼。病愈恢复期的幼儿运动量要根据身体状况予以调整。

6.照顾肥胖儿童。

肥胖儿童应选择全身肌肉参与的有氧运动、移动身体重心等的运动。运动形式多样化，适合儿童年龄特点，并富有趣味性，可以通过角色扮演，提高肥胖儿童对运动的兴趣。及时表扬和鼓励肥胖儿童，增强其自信心，鼓励肥胖儿童多参加集体活动，培养开朗、自信和积极向上的性格。

7.活动中，幼儿如厕。

在活动过程中，有幼儿要如厕，由保育员带领幼儿回班级教室小便。如幼儿园院内有卫生间的，保育员可以带幼儿去院内卫生间如厕。活动中也可以组织幼儿分组如厕，由保育员带领幼儿小便。小班幼儿可以准备便盆。

## 三、活动后的整理

### ◎工作内容

1.对场地材料进行整理。

扫码看视频33

85

2.清点幼儿人数。

◎ **工作标准**

1.协助班级教师做好活动后玩具材料的收拾及场地的整理工作，确保场地清洁及玩具数量准确。

2.清点幼儿人数，跟随最后一名幼儿回到教室内。

◎ **工作流程**

1.收拾器械。

①户外活动结束后，小班保育员和教师、幼儿一起收拾体育器械。

②使用后的体育器械要按照规定整理并分类收放好，以备下次使用。

③中、大班由保育员指导值日生协助做好收拾、整理工作，培养幼儿的动手能力、规则意识和责任感。

2.清点幼儿人数。

协助教师帮助幼儿站好队形，前后对齐，并清点幼儿人数。

3.查看场地。

清点幼儿人数后准备回班级，保育员最后查看一下活动场地，带好幼儿衣物等，组织幼儿排队回到班级。

# 第七节　如厕和盥洗环节

## 一、如厕的照顾

扫码看视频34

### ◎工作内容

1.照顾幼儿穿、脱裤子。
2.处理幼儿弄脏的衣物。

### ◎工作标准

1.分批组织幼儿如厕，避免拥挤与消极等候。
2.指导幼儿穿、脱裤子，整理衣服，确保不露小肚皮。
3.培养幼儿便后冲水的习惯。
4.做好幼儿便溺后裤子的清洁和处理工作。

### ◎工作流程

1.指导幼儿脱裤子。

指导幼儿按顺序脱裤子，先脱罩裤、秋裤，再脱内裤。女孩小便时，指导幼儿扒好裤子，以免便在裤腰上。男孩要对准小便池，再小便。可以在男孩小便池内侧粘贴一个趣味性的标志，让男孩对准标志小便，以防男孩便在便池外面。

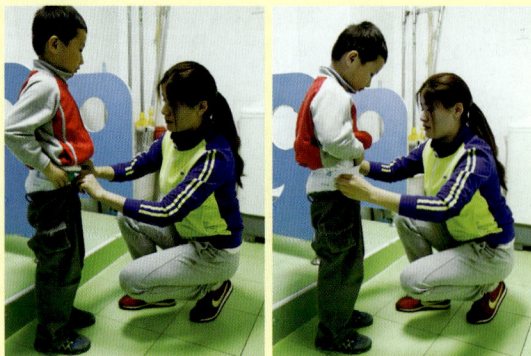

协助教师在卫生间组织幼儿有序如厕，站在地面标志上排队等候，不拥挤、不推搡其他幼儿。

2.指导幼儿提裤子。

①幼儿便后提裤子时，指导幼儿要一层一层地提，鼓励并引导幼儿先提上小内裤。

②拉下秋衣。

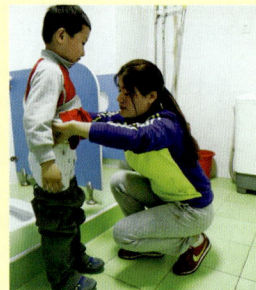

③再提上秋裤，塞好秋衣，不露小肚皮。

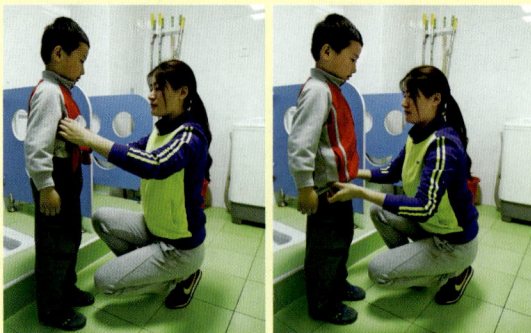

④最后提上罩裤，把罩衣整理好（小班由教师指导并帮助幼儿，中、大班可以由值日生检查其他幼儿是否整理好衣裤）。

3.便后冲水。

①培养幼儿养成便后及时冲水的习惯，及时提醒忘记冲水的幼儿。

②提醒幼儿便后不在卫生间玩耍，尽快离开。

（注：中、大班女孩小便时要关上门，便后要擦屁股）

4.便溺裤子的处理：

如遇幼儿便在裤子里，不要责备幼儿。

（1）小便。

①先到幼儿衣物柜前，打开该幼儿衣物柜的门，从幼儿的书包里拿出干净的裤子。把幼儿带到没有其他幼儿活动的场所或睡眠室等隐蔽的地方更换裤子，防止别的幼儿看到，伤害幼儿自尊心。冬季要在暖和且不通风的地方更换衣物，防止幼儿着凉。

②拿来一把小椅子，让幼儿坐下来。小班幼儿，由保育员帮其脱下裤子，立即为其换上干净的裤子，并整理好衣裤，然后带幼儿继续参加班级活动。中、大班幼儿自己脱下裤子，换上干净的裤子后，将尿湿的裤子交给保育员清洗，然后自己回到集体中继续参加活动。保育员将幼儿换下来的裤子拿到盥洗室，从柜子里取出专用的盆，放上一点儿洗衣粉，接好水，将幼儿裤子清洗干净，然后拿到室外阳光下晾晒。

（2）大便。

①先到幼儿衣物柜前，打开该幼儿衣物柜的门。从幼儿的书包里拿出干净的裤子。把幼儿带到盥洗室，关上门，防止通风，避免幼儿着凉。从盥洗室的柜子里拿出专用盆。如果班级中有暖壶，取出暖壶，使用暖壶中的水。如果没有暖壶，先请幼儿在盥洗室等候。保育员拿着水壶到开水间，接上开水，回到班级。然后在专用盆里接入2/3凉水，再倒入1/3的热水。倒好后，用手试一试盆里的水温，以不烫手为宜。将暖壶或水壶及时放入柜子里。准备好温水后，再帮助幼儿将脏的衣裤脱下来，先放在一边。让幼儿站到盆里。保育员

扫码看视频35

用专用的毛巾为幼儿擦洗臀部、腿等部位，直到将幼儿身体清洗干净并擦干，立即为幼儿换上干净的裤子，防止幼儿着凉。然后带领幼儿回到集体中，继续参加活动。

　　②保育员再回到盥洗室，将盆里的脏水倒掉，用流动的清水将专用盆冲刷干净。打开柜门，从柜子里拿出洗衣粉，倒入专用盆中。接入盆里2/3的水，准备清洗衣裤。先将幼儿便溺在脏裤子里的大便倒入便池中，并将便池冲干净。如大便黏稠，需用专用的刷子将裤子里的大便冲刷干净。然后，拿到专用盆中洗涤，直到没有大便渍，再用流动水冲洗干净。将洗好的裤子拿到室外阳光下晾晒。将专用盆中的水倒掉，充分刷洗干净。配比好1：100的消毒溶液对专用盆进行浸泡消毒。

## 二、盥洗的准备与指导

### ◎工作内容

1.准备盥洗用品。
2.指导幼儿正确洗手、擦手。

### ◎工作标准

1.为幼儿及时准备好小毛巾、香皂、护手油等物品，如果香皂、护手油用完了，要及时补充。
2.培养幼儿用正确的"七步洗手法"洗手。
3.避免盥洗室内发生幼儿拥挤与打闹、玩耍的现象。
4.培养幼儿的节水意识。
5.做好盥洗后的清理工作。

### ◎工作流程

1.准备毛巾。

①准备两套幼儿擦手用小毛巾，幼儿每天使用一套。当天结束后，对用过的毛巾清洗并消毒。

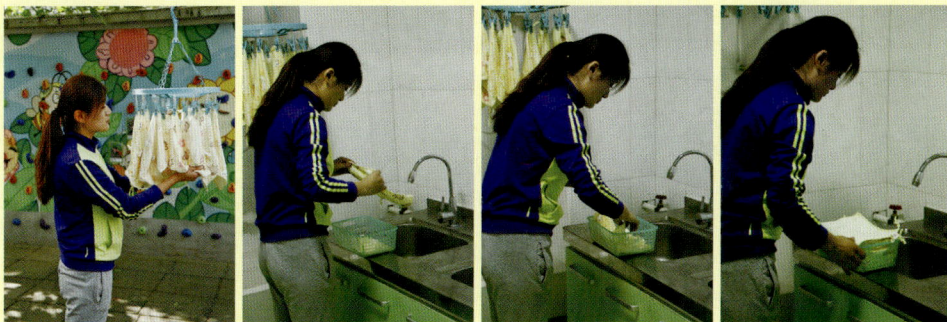

②将前一天清洗、消毒好并晒干的毛巾叠好，放在指定的小筐或盒子中。

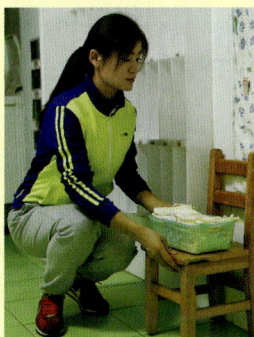

③再把装有幼儿用毛巾的小筐或盒子放在幼儿洗手后便于拿取的地方。

④第二天，将前一天清洗干净、消过毒的毛巾拿到户外，在阳光下进行暴晒（毛巾挂放的间距以相互间无重叠为宜）。

2.准备香皂。

扫码看视频36

①保持香皂的干净，如发现不干净的香皂，要及时将污渍冲洗干净。

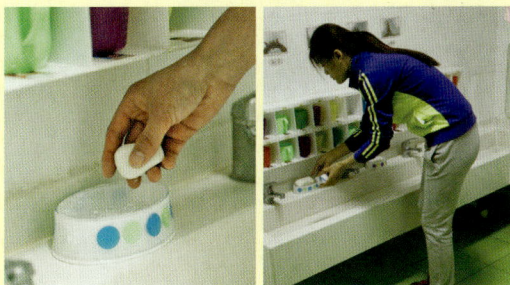

②查看幼儿洗手用的香皂，如果发现快用完的香皂，应及时更换新的香皂。

③香皂盒要随时保持干净。每天下班前，将每个香皂盒逐一洗刷干净。

④洗刷后，将香皂盒控干，香皂盒内不可存有污水。

⑤将水池台面残余水分擦干净。

3. 准备护手油。

①秋冬季节天气干燥，保育员要及时为幼儿准备护手油。护手油不可以直接从护手油包装袋里挤着使用，必须装入专用护手油的小盒或小瓶中。

②护手油的小盒或小瓶要放在固定的、幼儿方便拿取的地方。

4. 组织幼儿盥洗。

①协助班级教师组织幼儿洗手，及时处理幼儿盥洗中出现的问题。幼儿分组盥洗，为避免消极等待，可以组织幼儿进行游戏。

②盥洗过程中，养成幼儿自己挽袖子的意识。小班幼儿穿的衣服太厚，袖口挽不上去时，要教会其用语言表达，请教师帮忙。中、大班幼儿可以互相帮忙。

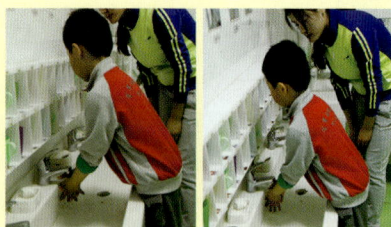

③指导幼儿用正确的七步洗手法洗手。

扫码看视频37

5.指导幼儿擦手、抹护手油。

①指导幼儿走到毛巾架旁，从写有自己名字或贴有自己照片的挂钩上取下自己的毛巾。

②将毛巾在手中打开，铺好，拿住毛巾，将双手擦拭干净。

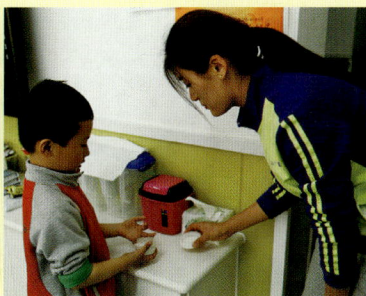

③用右手食指蘸取适量护手油，用双手掌心轻轻涂抹均匀，两手手背对搓至均匀即可（小班幼儿由于动作协调性较差，保育员可以帮助幼儿直接涂抹。小班幼儿也可以学习自己抹护手油）。

6.盥洗后清洁工作。

①从墙上标签对应的挂钩处取下日常清洁用抹布。

②走到幼儿洗手池旁边，将台面上的水擦进水池里，把台面擦拭干净。

③然后把抹布冲洗干净、拧干，将镜子从左至右、从上至下擦拭干净。

④再将抹布洗涤干净
后，拧干。

⑤把抹布挂在标签对应
的挂钩上。

⑥来到墩布池前，从墙
上标签对应的挂钩上取
下盥洗室专用墩布（墩
布为半湿、半干）。

⑦把盥洗室的地面从里到外按顺序擦拭干净。

⑧打开水龙头。

⑨将墩布充分涮干净，
控干水分。

⑩将墩布挂在墙上标签
对应的挂钩上。

⑪再从墙上标签对应
的挂钩上取下卫生间专
用墩布（墩布为半湿、
半干）。

⑫把卫生间的地面从里到外按顺序擦拭干净，一直拖到墩布池旁边。

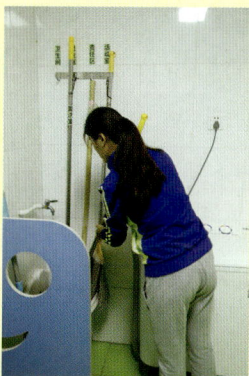

⑬打开水龙头。

⑭将墩布充分涮干净，控干水分。

⑮将墩布挂在墙上标签对应的挂钩上。

# 第八节 睡眠环节

## 一、睡眠前的准备

扫码看视频38

◎ 工作内容

1.做好睡眠环境的准备工作。

2.做好幼儿睡眠前的照顾、如厕和安全检查工作。

◎ 工作标准

1.做好幼儿睡眠前的各项准备工作，包括抬床、关窗户、拉窗帘等。根据季

节变化调节室内温度，注意室内通风或保暖，掌握好开窗和关窗的时间，及时提醒家长更换厚度不同的被子，夏季注意做好防蚊措施。

2.保持被褥清洁与干燥，每月定期清洗及晾晒，发现污渍、尿渍及时清洗。传染病期间，每周清洗及晾晒。

3.提醒幼儿睡前如厕。

4.做好幼儿睡眠前的安全检查工作。

5.协助教师指导幼儿按照顺序脱衣服、叠衣服，按要求把衣物放在指定的位置上，摆整齐。

6.做好睡眠前需要服药幼儿的工作。

7.做好交接班工作。

◎工作流程

1.睡眠前环境准备。

①幼儿户外活动回到班级后，保育员应及时关上窗户（保育员可以根据天气情况确定睡眠室开窗通风的时间和次数，保证睡眠室内空气流通、新鲜。秋冬季节，开窗通风的最佳时间是上午7：40到11：00，下午2：30到4：30。幼儿睡眠时，要将窗户关闭，以防受凉。春夏季节，只要没有风，窗户可以一直开着）。

②关好窗户并拉上窗帘。使睡眠室内光线幽暗，营造良好的睡眠气氛，有利于提高幼儿的睡眠质量。

③夏季幼儿午睡时，睡眠室内要使用灭蚊设备，打开灭蚊器。

2.室内温度和湿度调节。

① 保育员可以运用各种手段保持睡眠室内适宜的温度和湿度。

② 夏天天气炎热，睡眠室内温度不宜过高，可以借助电风扇或空调降温。使用电风扇时，注意调整风扇方向，不要对着幼儿直吹。冬天，室内空气干燥，可以使用加湿器或在暖气周围放一盆水或在暖气上放一块湿毛巾等来增加睡眠室湿度。通常室内湿度标准为40%～60%。

③ 使用空调时，注意温度不要设置得太低，以免幼儿伤风、感冒。空调设置温度标准为25℃～27℃为宜。空调的风不要直对着幼儿吹。通常室内温度标准为20℃～24℃，室内与室外温度相差不超过5℃为宜。

3.准备床铺。

① 根据幼儿园实际情况，在规定的时间内将幼儿床铺提前铺好。

② 幼儿床铺应相对固定，床与床之间的通道要保持畅通。幼儿应一头一脚颠倒着睡（大班幼儿应男孩、女孩分开睡，男孩床铺要与女孩床铺分开摆放。对于体质较好、怕热的幼儿，可以把他们的床铺安排在睡眠室门口相对通风的地方，以保证幼儿的睡眠质量。对于体质较差、有惊厥史的、需要关注的幼儿，应把他们的床铺安排在离教师较近的、容易看到的地方，方便教师照顾幼儿）。

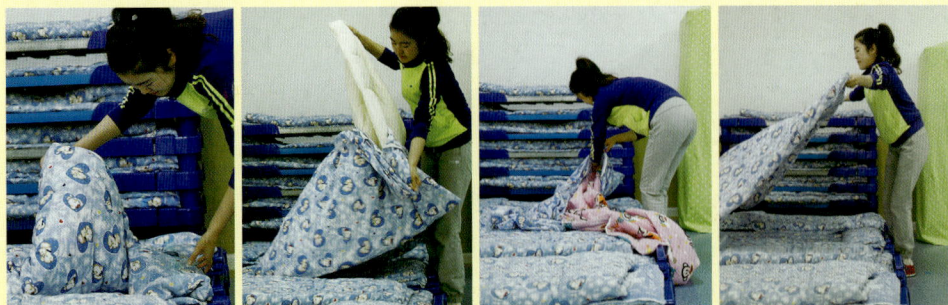

③幼儿床上的被褥，应随季节变化随时更换。保持被褥清洁与干燥，每月定期清洗及晾晒，发现污渍、尿渍及时清洗。传染病期间，每周清洗并晾晒。根据季节变化，及时更换不同薄厚的被子。

### 4.提醒幼儿小便。

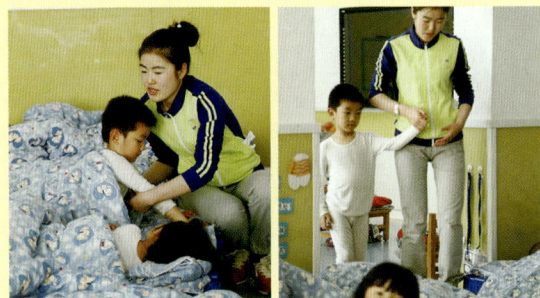

午饭时，幼儿进食大量的汤水，而午饭和睡眠的时间间隔相对较短，因此，幼儿上床睡觉前要提醒幼儿小便，以免尿床。

### 5.安全检查。

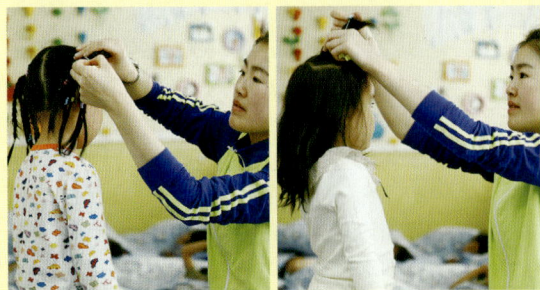

①为了防止幼儿在睡眠过程中出现安全隐患，保育员应协助教师做好安全检查。注意检查幼儿的衣服口袋里是否装有危险品，如扣子、发卡、花生米等细小物品。

扫码看视频39

②此外，还要检查幼儿的口和双手。看看口腔内是否还有食物。

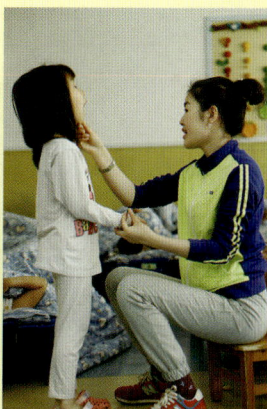

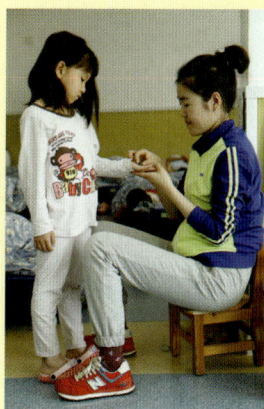

③双手是否干净、有没有拿东西。

（注：注意检查床铺和衣服上是否有裸露的长线头，及时将其剪掉。睡前检查环节可以很好地降低睡眠过程中的不安全因素）

6.指导幼儿脱衣服。

协助教师帮助并指导幼儿按顺序脱衣服。

（1）拿拖鞋。

①首先，幼儿来到班级指定的拖鞋柜前。

②从贴有自己专属标志或自己照片对应的拖鞋格中拿出自己的拖鞋。

③回到自己的小椅子上坐好。

（2）换拖鞋。

①先解开鞋带或鞋扣，然后抓住鞋跟，将鞋子脱下。

②穿上拖鞋。

③将换下来的鞋子放在小椅子下面。

（3）脱袜子。

①双手抓住袜筒，脱至袜跟处。

②然后用手捏住袜子前头，将袜子脱下来。

③将脱下来的袜子整齐地舒展好，挂在小椅子下方前面的横杆上。

（4）脱裤子。

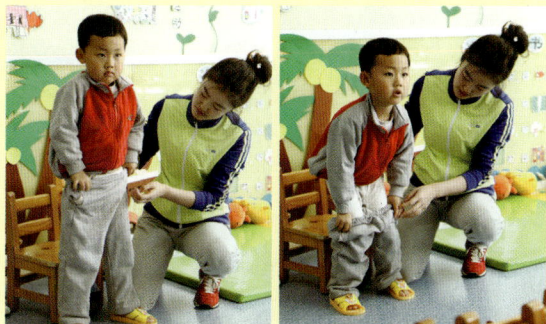

①双手抓住裤腰，用力脱到膝盖处。

②坐下来，分别将裤子的左、右裤腿拽下来。

③然后在班级指定的、可以叠衣服的地方，将脱下来的裤子叠好。

④将叠好的裤子整齐地放在自己的小椅子上。

（5）脱上衣。

①双手配合，自上而下将扣子解开或将拉链拉开。

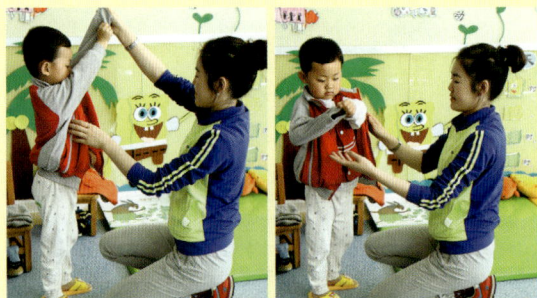

②然后左手握住右边袖子的袖口，将袖子脱下，用同样的方法再脱下另一边的袖子。

③然后在班级指定的、可以叠衣服的地方，将脱下来的衣服叠好。

④将叠好的衣服整齐地放在小椅子上（幼儿入睡时，夏季要穿背心、裤衩；冬季要穿秋衣、秋裤）。

7.幼儿服药。

（1）准备服药。

扫码看视频40

①对于睡前需要服药的幼儿，教师严格按照谁接药、谁喂药的要求进行。教师来到班级药箱或药袋前。

②拿起带药登记本，查看有哪些幼儿需要服药。

③然后从药袋中拿出幼儿所带药品，核对记录本和药单后，开始给幼儿喂药。

（2）服用冲剂。

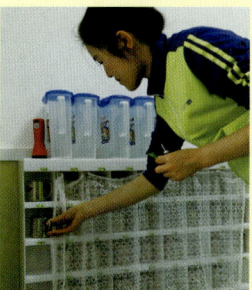

①教师拿着幼儿的药品，按照药单上的姓名从水杯架上取出幼儿的水杯。

②将药袋里面的冲剂倒入水杯中。

③然后从保温桶或净水器中接入少量的水。

④将药品搅拌均匀。

⑤看护幼儿喝下。

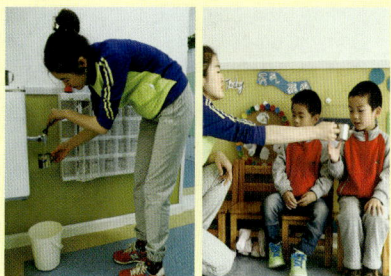

⑥喝完后，可以用温开水漱漱口。

（3）服用口服液。

①将口服液药瓶拿出来，为幼儿将吸管插好。

②看护幼儿把口服液瓶子里的药水全部喝完，将瓶子拿走再离开（防止幼儿贪玩，将瓶子打碎或出现吸管扎入喉咙的情况）。

③将幼儿喝过的药袋或药瓶放在药袋里，保留三天。

④拿起带药登记本，在喂药教师签字处签好自己的名字。

8.交接班工作。

①接班教师要注意观察已经服药幼儿的情况。

②向接班教师做好交接班工作，清点人数，对服药情况、对出现的问题以及采取的措施等情况均要交代清楚。

扫码看视频41

## 二、睡眠中的照顾

### ◎工作内容

照顾幼儿午睡。

### ◎工作标准

1.培养幼儿良好的午睡习惯，保持安静，不高声讲话或嬉笑、打闹。幼儿走进寝室时，脚步要放轻。

2.播放睡前故事，帮助幼儿尽快入睡。

3.提醒幼儿要仰卧或右侧位，纠正不良睡姿，不蒙头、不俯卧、不玩小玩具，以防发生意外。小手合十，放在头侧。

4.要求幼儿一头一脚颠倒着睡，减少传染病的发生。中、大班幼儿，男孩、女孩分别排成一排睡。

5.幼儿入睡时，夏季要穿背心、裤衩，冬季要穿秋衣、秋裤。勤观察幼儿、勤给幼儿盖被子。有高热惊厥史的幼儿，床位应安排在离教师较近的地方，发现情况及时报告、处理，并做好记录。

6.教师不聊天，不大声说话，不得擅离岗位。

7.随时保持室内空气新鲜，天暖、无风时可以打开窗户，拉上窗帘，应避免对流风吹在幼儿身上。

### ◎工作流程

1.播放睡前故事。

将播放器或录音机或CD机拿进幼儿睡眠室，为幼儿播放睡前故事（故事内容应适合幼儿尽快午睡，声音不可过大，要轻声）。

2.照顾幼儿午睡。

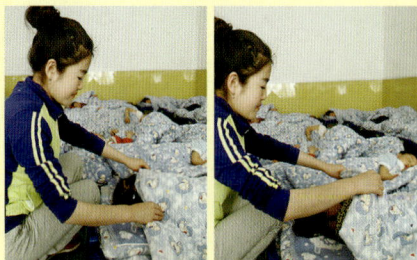

①在幼儿睡眠的过程中，教师应加强巡视，注意观察幼儿睡眠情况。如果发现有被子捂住口鼻的，教师应及时帮助幼儿将被子往下拉一拉，盖到胸口处即可。

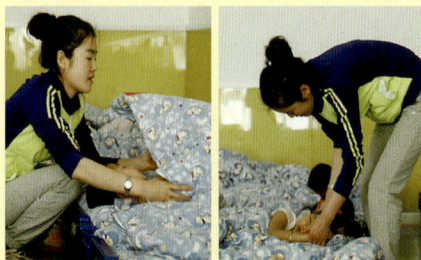

②提醒幼儿要仰卧或右侧位，纠正不良睡姿。

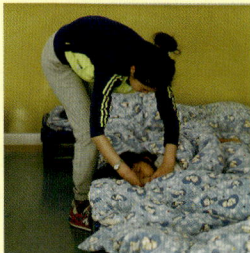

③不蒙头睡觉。

④不俯卧。

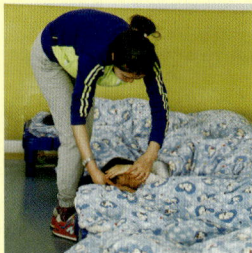

⑤小手合十，放在头侧。

⑥对于经常尿床的幼儿，保育员要给予特别的关注。幼儿入睡后，要经常过去摸一摸其被褥。如果有尿床的情况，应及时给予更换。同时，保育员要注意观察、掌握幼儿的排尿规律，在睡眠过程中及时叫醒他们去排尿。

⑦教师要勤巡视幼儿午睡情况。发现幼儿不慎将枕头、被褥掉落，及时帮幼儿捡起、盖好。发现幼儿将衣服上的线头缠绕在手指上时，应及时将线头拆除，避免因血液流通不畅出现皮肤青紫、指头坏死的现象。

扫码看视频42

## 三、睡眠后的整理

### ◎工作内容

1.午检。
2.抬床、收拾并整理床铺。
3.照顾幼儿穿衣、如厕及梳头。
4.准备幼儿起床后的加餐。

### ◎工作标准

1.为幼儿做好起床后加餐的准备工作及桌面消毒工作。

2.认真做好午检工作，提醒幼儿小便，发现问题及时处理，必要时将幼儿送保健室，交由保健医处理。

3.指导幼儿起床，学习正确、有序穿衣，照顾有困难的幼儿；大班幼儿自己学叠被子，整理床铺。

4.检查幼儿仪表，帮助女孩梳头。使用幼儿个人专用梳子，梳子上要贴上幼儿名字。

5.整理幼儿床铺，清扫床铺、晾被子，然后进行地面清洁工作。

### ◎工作流程

1.准备水果。

①幼儿起床前20～30分钟开始准备水果，先清洁双手。

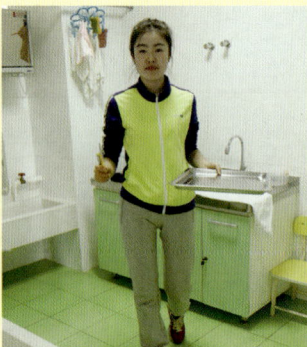

②从固定的地方拿出水果刀、水果餐盘。

③将盛水果的水果盆放在桌子上，开始削水果。

④将苹果、梨、柚子、火龙果等所有带皮的水果削过皮之后，均匀地切好，将果核剔除干净。

⑤将削好或切好的水果在水果餐盘中有序地码放好。

⑥用保鲜膜或盖布将削好的水果蒙好或盖好。将水果皮倒入垃圾桶中。

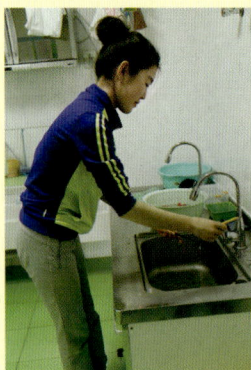

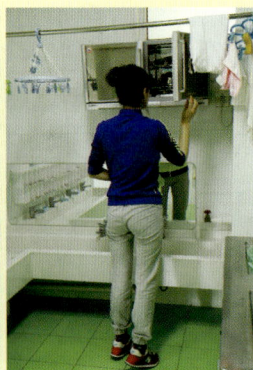

⑦将水果刀洗干净并擦干，收放在指定的地方。

⑧为幼儿准备好取水果的小夹子和加餐盘。

⑨将盛满水果的水果餐盘放在分餐桌上。

2.桌面消毒工作。

（1）清洁双手（见P8"第一节　幼儿来园前的准备工作　一、个人清洁　2.清洁双手"）。

（2）配比消毒溶液（见P13"第一节　幼儿来园前的准备工作　三、环境清洁　2.环境清洁　（1）准备工作，配比消毒溶液"）。

（3）擦拭第一遍餐桌（见P19"第一节　幼儿来园前的准备工作　四、餐前准备　4.擦拭第一遍餐桌"）。

（4）擦拭第二遍餐桌（见P21"第一节　幼儿来园前的准备工作　四、餐前准备　5.擦拭第二遍餐桌"）。

（5）等待消毒液在桌面上停留10分钟。

（6）清洗毛巾（见P22"第一节　幼儿来园前的准备工作　四、餐前准备　7.清洗毛巾"）。

（7）擦拭第三遍餐桌（见P23"第一节　幼儿来园前的准备工作　四、餐前准备　8.擦拭第三遍餐桌"）。

（8）准备幼儿加餐饮用水。

扫码看视频43

扫码看视频44

扫码看视频45

①从班级固定的地方，把幼儿喝水用的凉水壶拿到保温桶或净水器前。

②拿起一个凉水壶，从净水器里接入饮用水。

③将水接入凉水壶，水量为凉水壶的3/4，将盖子盖好。

④把接好水的凉水壶拿到幼儿餐桌上，摆放好。每张桌子放一个凉水壶。

### 3.午检。

扫码看视频46

协助教师做好午检工作。用手电筒检查幼儿的手、口、皮肤有无疹子，提醒幼儿小便。发现问题及时处理，必要时将幼儿送保健室，交由保健医处理。

### 4.晾被子。

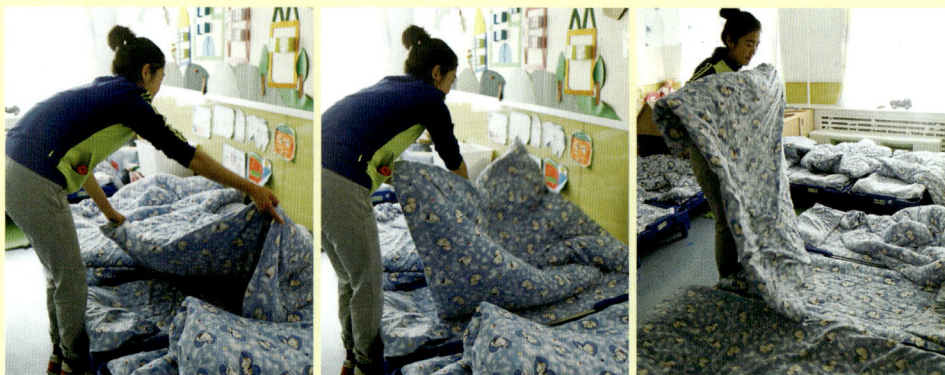

①幼儿全部离开睡眠室后，将幼儿的被子翻转过来，里面朝外，晾10分钟左右。

②拉开窗帘，并将窗帘挽上或系上。

③将睡眠室的窗户打开，进行通风。

　　5.指导幼儿穿衣服。

　　协助教师指导幼儿起床、正确穿衣服，帮助有困难的幼儿穿衣服。幼儿离开睡眠室，小便过后，来到自己的小椅子前穿衣服。

　　（1）穿衣服。

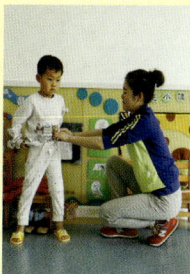

①先把秋衣塞进秋裤里。

②两手握住衣领，大拇指握住衣服领子，其余四指在衣服里面，衣服里面朝外。

③右手经头部从左边绕到右边，将衣服披在肩上。

④抓住秋衣的袖口，将左胳膊伸进左边袖子里。

⑤再将右胳膊伸进右边袖子里。穿好后，不用先系扣子，待整理好秋裤后，再系扣子。

（2）穿袜子。

①帮助幼儿分清楚袜头、袜跟、袜筒。

②穿袜子时，将袜跟朝下，两手抓住袜筒，捏到袜头处（大拇指在内，四指在外）。

③把脚伸进袜头里。

④将袜筒向上拉。

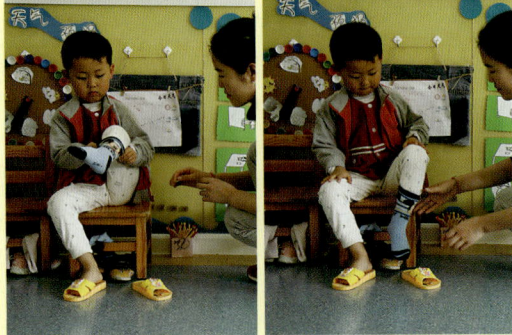

⑤用袜筒包住秋裤裤角，整理好。

（3）穿裤子。

①先分清楚裤子
的前后。

②两手抓住裤腰。

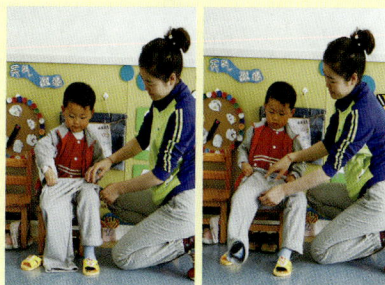

③两脚伸入裤腿儿内，向上拉。

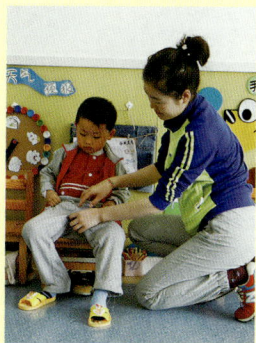

④两脚露出裤腿儿时，
穿上拖鞋。

⑤站起来，双手抓住裤腰，把裤子提好。

（4）系扣子。

①将衣服前襟对齐后，从上往下逐个将扣子扣好。

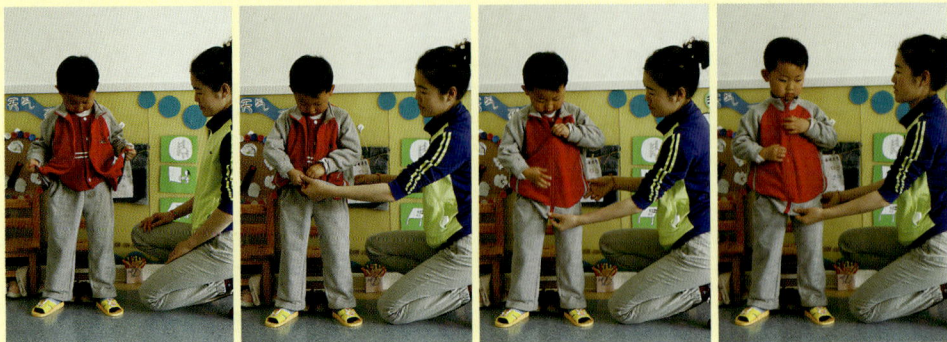

②有拉链的衣服，要将拉链拉好。

（5）换鞋。

①先分清楚左、右两只
鞋，把鞋摆好。

②分别把脚伸入鞋内。

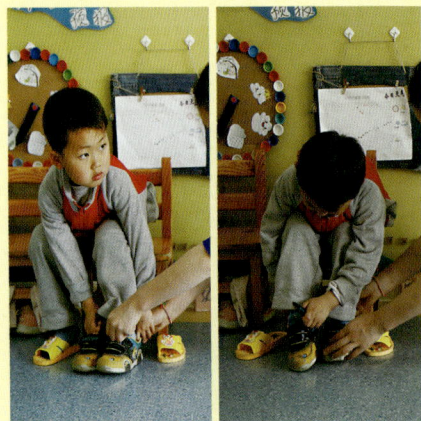

③将鞋后跟提起。

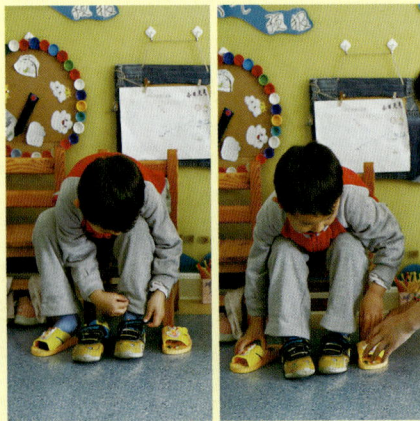

④系好鞋带或扣好鞋扣。

（6）送拖鞋。

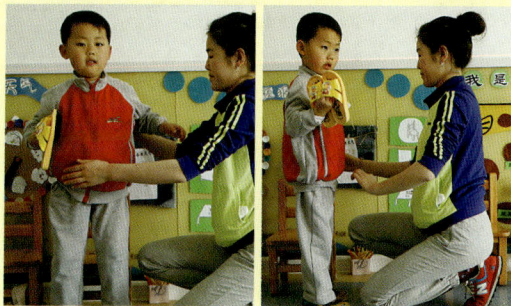

①教师检查幼儿穿衣服的情况，帮助幼儿整理好衣服。

②引导幼儿将换下来的拖鞋送到鞋柜贴有自己名字的拖鞋格里。

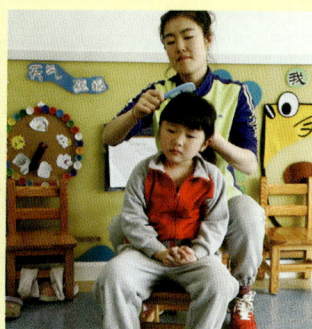

③帮助穿好衣服的女孩梳头（梳子要专人专用，要有名字等标识）。

6.整理幼儿床铺。

扫码看视频47

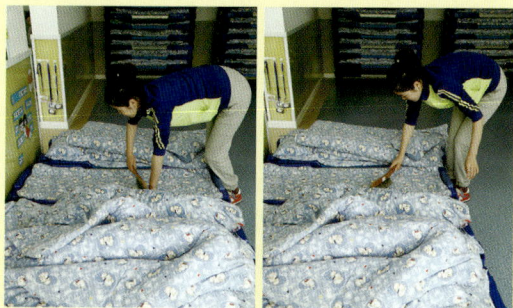

①保育员用扫床的扫帚先把幼儿的床铺扫干净，铺平整。

②保育员站在床的一侧，将被子靠近自己的一边向中间折。

③然后再折另一边（注意宽窄适度，宽度与床的宽度一致即可）。

④被褥叠好，统一叠放。

⑤然后把幼儿的枕巾铺好、铺平整（保育员注意不要将枕头放在被子下面，因为枕头、枕巾会因为幼儿在睡眠时出汗而变得潮湿，所以要把枕头放在被子上面以保持干爽）。

⑥需要抬床的幼儿园，两名教师将幼儿床抬起来，摆好。

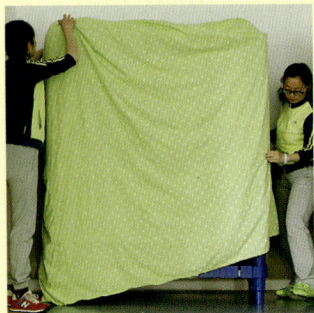

⑦用床罩将幼儿的床罩好。

7.清扫睡眠室。

①从盥洗室拿来扫帚和簸箕。

②将睡眠室地面从里到外清扫干净。

③将扫出来的垃圾收进簸箕里，再倒入垃圾桶中。

④从墙上标签对应的挂钩上取下室内专用墩布（墩布为半湿、半干）。

⑤把睡眠室的地面从里到外按顺序擦拭干净，一直拖到睡眠室门口。

⑥回到盥洗室，将墩布充分涮干净，控干水分。

⑦墩布挂在墙上标签对应的挂钩上。

# 第九节　清洗与消毒环节

扫码看视频48

## ◎工作内容

1.餐盘的清洁与消毒。

2.空调、电扇以及玻璃墙面的清洁。

## ◎工作标准及流程

1.清洗与消毒加餐盘。

①从柜子里取出刷洗加餐盘的百洁布、洗涤灵。

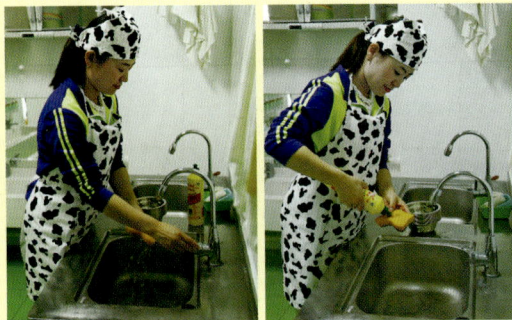

②把百洁布用水冲湿，再将洗涤灵倒在百洁布上。

③拿起一个加餐盘，用百洁布在盘子的里面来回刷，再把盘子外面刷一遍，放在一边。直到所有的加餐盘都用洗涤灵刷洗过。

④刷完后，将百洁布冲洗干净，把百洁布和洗涤灵收放在消毒物品柜中。

⑤打开水龙头，在水龙头下面开始将加餐盘、剪刀一一地用流动水冲洗干净。

⑥把加餐盘里的水控干，放在指定的位置。

⑦从挂钩上摘下专用擦拭加餐盘的清洁布。

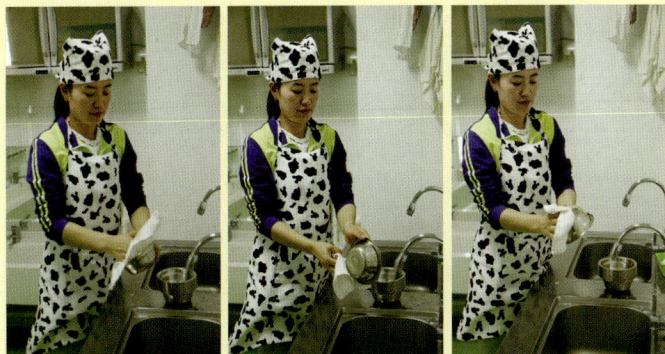

⑧将每个加餐盘上的剩余水渍擦干净（如带有水渍消毒加餐盘，盘上会留下印记）。

⑨打开消毒柜的门。

⑩将加餐盘逐一放进消毒柜里，摆放在架子上，盘子与盘子之间要留有空隙，才能达到消毒的效果。

⑪待所有加餐盘全部放入消毒柜中，关上消毒柜的门。

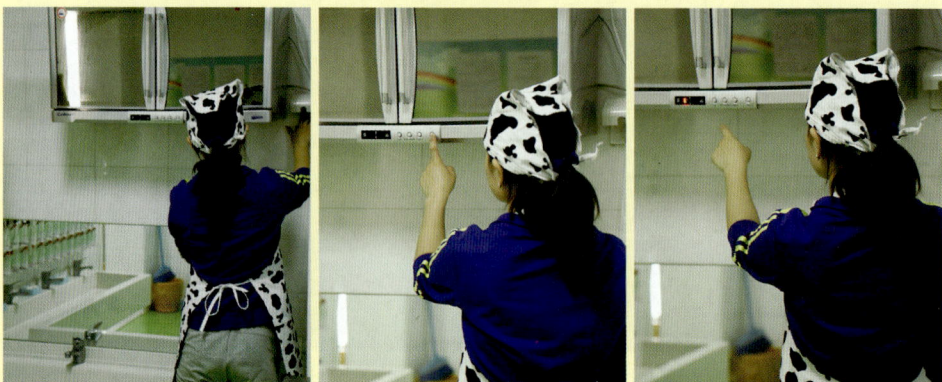

⑫插上电源，按下按钮，开始消毒。

2.清洗擦拭加餐盘的专用毛巾。

①准备好搓衣板，打开清洁柜。

②从清洁柜里拿出洗衣皂。

③将擦拭加餐盘的专用毛巾用流动水冲湿。

④将专用毛巾平铺在搓衣板上，打上洗衣皂，搓洗。

⑤将专用毛巾用流动水冲洗干净，拧干。

⑥把洗干净的专用毛巾挂在指定的衣架上。

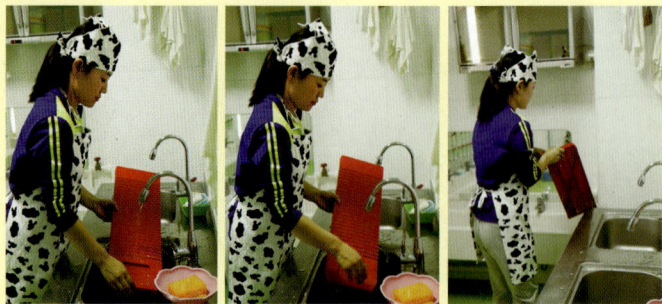

⑦将搓衣板用流动水冲干净，放在指定位置。

⑧将洗衣皂收回柜子中。

3.每日重点消毒工作：按照每日重点消毒记录表完成当天的消毒、清洁工作。（详见P147第三章　保育员其他常规工作　第二节　一周清洁工作重点）

4.空调、电扇、灯具、玻璃及墙面的清洁。

注意事项：

（1）空调。

扫码看视频49

①先拔掉空调电源。　　②擦拭空调表面。

③打开空调盖，取下空调过滤网。

④清洗空调过滤网，将过滤网上的水控干。

扫码看视频50

⑤将空调过滤网装上，盖上空调盖子。

⑥接通电源（冬季不用时，将空调擦拭干净后，用空调罩将空调罩好）。

（注：使用电扇的幼儿园，夏季定期擦拭电扇表面和扇叶；冬季不用电扇时，擦拭干净后，用电扇罩罩好）

（2）灯具及墙角。

定期用鸡毛掸子擦拭灯具表面和墙角，用半干的抹布擦拭开关，保持灯具的清洁。擦拭时，注意切断电源，确保安全。

（3）玻璃。

①定期擦拭玻璃，用干净的湿抹布和干抹布走到窗前，将干、湿抹布交替从上到下擦拭玻璃正、反面。先用湿抹布，后用干抹布。也可以用专用擦玻璃的工具擦拭玻璃，使之无灰尘、无擦痕，保持玻璃窗明几净，直到班级所有的玻璃全部擦拭完毕。

②同时，将窗框、窗台擦拭干净，定期清洗窗纱。

（4）墙面。

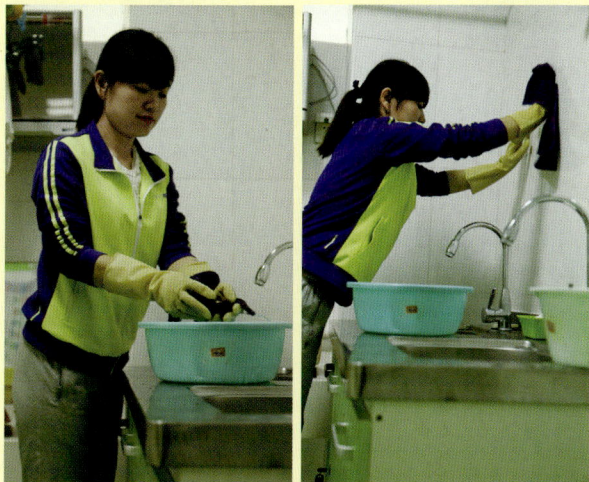

定期用干净的湿抹布擦拭瓷砖围墙，保持墙面光洁、无污渍，平时随脏随擦。

# 第十节 离 园 环 节

## 一、幼儿用品的卫生与消毒

扫码看视频51

### ◎工作内容

1.幼儿个人用品的消毒。
2.保温桶及凉水壶的清洁。

### ◎工作标准

1.将幼儿一日生活用品在幼儿离园前进行清洗与消毒，为第二天使用做好准备。
2.做好餐后卫生与清洁工作。

### ◎工作流程

1.洗水杯。

①幼儿最后一次饮水
后,将全班幼儿使用过
的水杯集中在刷水杯的
水池中。

②保育员从柜子里取
出刷洗水杯专用的百洁
布、洗涤灵。

③将百洁布冲湿,并滴
上适量的洗涤灵。

④拿起一个水杯,用百洁布将水杯里外刷干净,
放在一边,直到所有的水杯都用洗涤灵彻底刷
洗过。

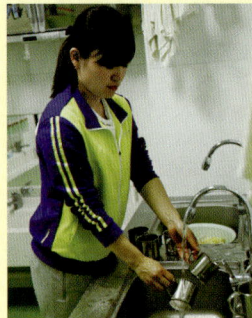

⑤打开水龙头,在水龙
头下面开始用流动水将水
杯一一冲洗干净。

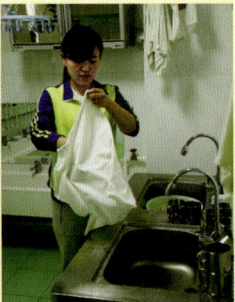

⑥将水杯里的水控干,装入水杯袋中(水杯袋要每天清洗、晾晒)。

(注:在指定的时间,将水杯送入伙房,集中消毒。每周定期用牙签细抠水杯边缘缝隙里的污垢)

2.洗毛巾。

①从消毒物品柜中取出毛巾盆，倒入开水。

②将全班幼儿当天使用过的小毛巾全部收集起来。

③把小毛巾放在毛巾盆里，用开水浸泡10分钟左右。

④10分钟后，将小毛巾逐一铺在搓衣板上。

⑤拿起肥皂，在小毛巾上均匀地涂抹。

⑥双手在搓衣板上将每块小毛巾充分揉搓，直至全部搓洗完毕。

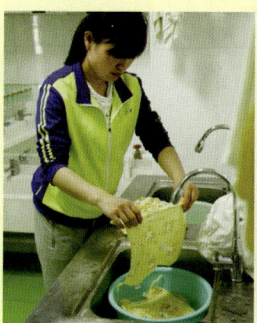

⑦用流动水将小毛巾充分冲洗干净，拧干后，用1∶200的消毒溶液浸泡、消毒20分钟。

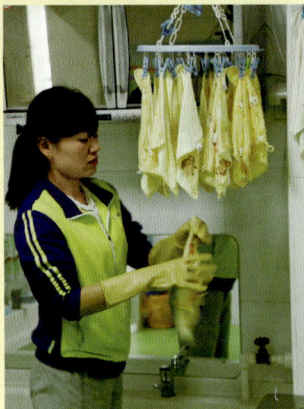

⑧20分钟后，戴上胶皮手套，在水龙头下用清水逐一将毛巾冲洗干净，不能留下残余消毒液，然后将洗干净的小毛巾拧干，挂在衣架上。

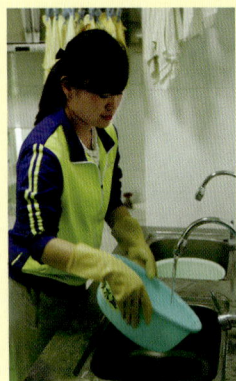

⑨将清洁盆、消毒盆冲洗干净，放入消毒物品柜中。摘下胶皮手套，挂在墙上对应标签的挂钩上。

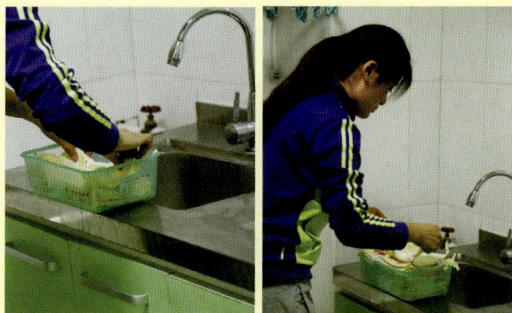

⑩将头一天清洗、消毒干净的毛巾叠好，放在统一指定的小筐或盒子里，为幼儿第二天使用做好准备。

⑪第二天，将衣架上的小毛巾置于阳光照射下暴晒。暴晒时，毛巾悬挂不得相互重叠，时间不得低于6小时。

3.清洗凉水壶（有保温桶的幼儿园可以参考此方法进行清洗）。

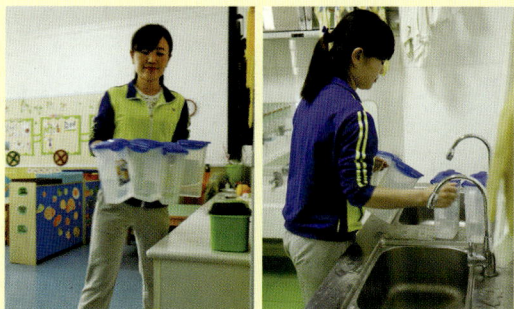

①从班级指定的位置将凉水壶拿到盥洗室，准备清洗。

②先把凉水壶里剩余的饮用水倒掉。

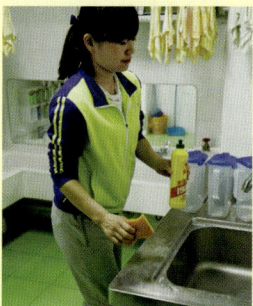

③从清洁柜中拿出专用百洁布和洗涤灵。

④将百洁布用水冲湿。

⑤在百洁布上滴一滴洗涤灵。

⑥用百洁布刷洗凉水壶的里面、外面、壶盖和壶底。

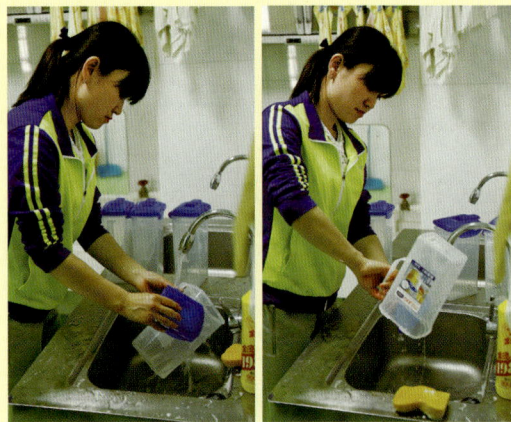

⑦用流动水将凉水壶上的洗涤灵充分冲洗干净
后，将水控干，盖上盖子。

扫码看视频53

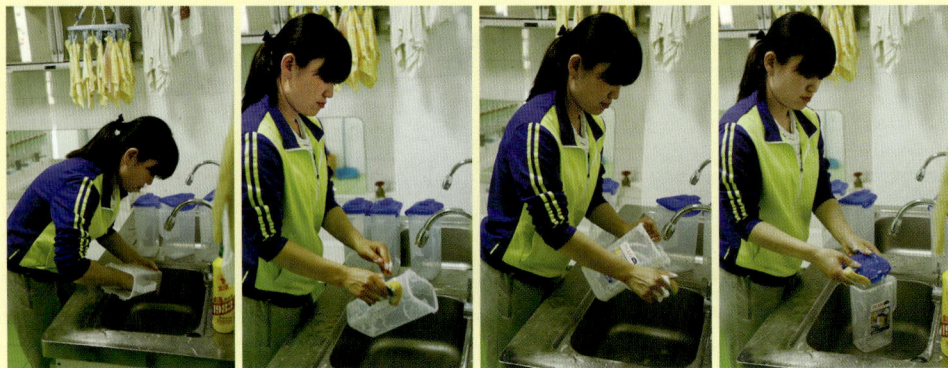

⑧依次将全班的凉水壶逐一冲洗干净，控干水分，盖上盖子。

⑨凉水壶全部刷完。将百洁布上的洗涤灵冲洗干净，把百洁布、洗涤灵收回消毒物品柜中。

⑩将刷洗干净的凉水壶放在指定位置，用专用盖布盖好（保温桶在清洗过程中，重点擦洗保温桶的水龙头。保温桶的外部要用干净的抹布擦拭干净，防止留下水渍印）。

## 二、餐后卫生

◎工作内容

扫码看视频54

1.班级环境清洁，特别是盥洗室与卫生间的清洁。

2.卫生用品的清洁与消毒。

◎ **工作标准**

1.做好盥洗室全面的卫生与清洁工作，包括水池、台面、地面、镜子及物品摆放等。

2.做好卫生间的全面卫生与清洁工作，包括地面、便池、墩布池及物品摆放等。

3.将所有擦拭不同屋子的墩布分开清洗干净，拿到室外指定班级的挂钩处悬挂，通风晾干，阳光暴晒。

◎ **工作流程**

1.盥洗室。

①从墙上标签对应的挂钩处取下日常清洁用胶皮手套并戴好。

②从墙上标签对应的挂钩处取下日常清洁用抹布。

③先将水池中的污物、残渣捡拾干净，扔进垃圾桶。

④用清洁水池的专用清洁布蘸一些去污粉或洗衣粉等洗涤剂，擦拭水池、水龙头，将水池中的油污、水渍、污物彻底清除。

⑤再用清水将水池冲洗干净。

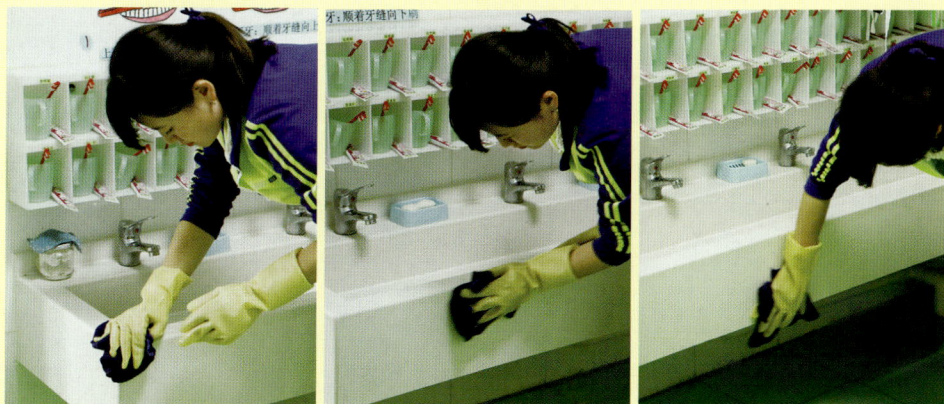

⑥将水池台面用清洁布擦拭干净。

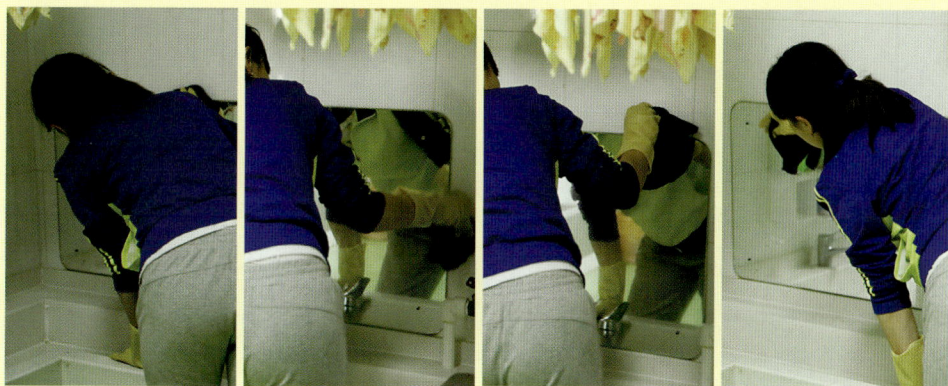

⑦将镜子擦拭干净。

⑧下班前洗刷每个香皂盒。

扫码看视频55

⑨洗刷香皂盒后，将水控干，香皂盒内不可存有污水。

⑩香皂盒摆放整齐，不干净的香皂要冲洗干净，需要更换香皂的及时更换。

⑪将清洁水池的专用清洁剂收回消毒物品柜中。

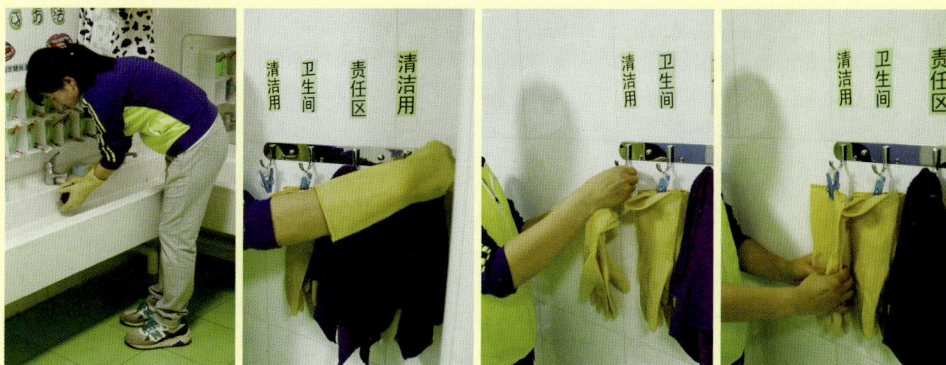

⑫将清洁毛巾清洗干净，挂在墙上对应的挂钩上。脱下胶皮手套，挂在对应的挂钩上。

⑬用消毒溶液浸泡的专用盥洗室墩布擦拭地面，做到地面无污渍、无积水，下水管处无污物。

⑭将墩布充分涮洗干净，把水分控干，挂在对应标签的挂钩上。

2.卫生间。

①从消毒物品柜中取出洁厕灵，拿到卫生间。

②从墙上对应标签的挂钩上摘下清洁卫生间专用胶皮手套并戴好。

③将适量的洁厕灵倒入每个便池中，用洁厕灵浸泡20分钟。

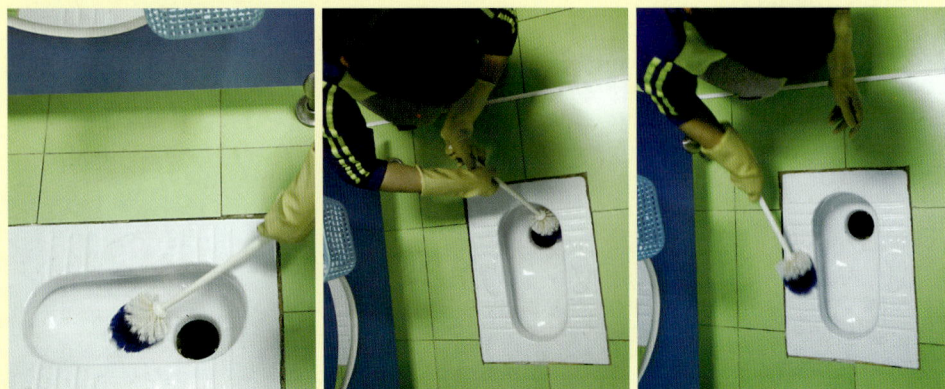

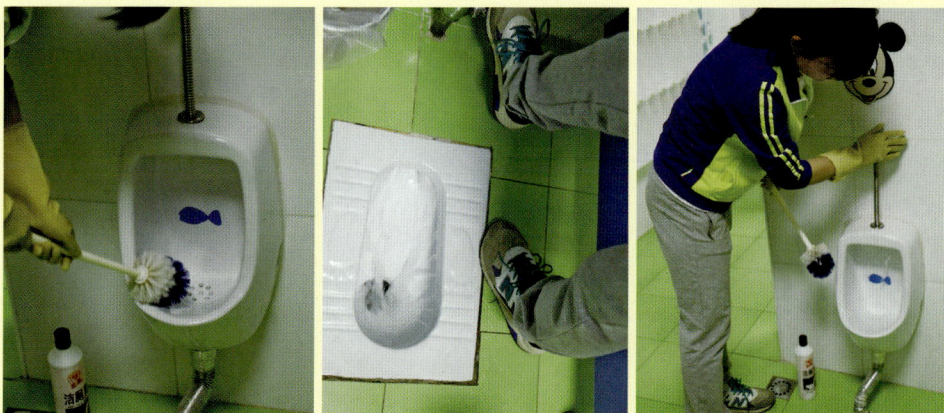

④ 20分钟后，用刷洗厕所的专用刷子彻底刷洗每个小便池，特别是池底、两侧、拐角和下水道口等处，然后用清水冲干净。坐便要用专用抹布浸泡消毒溶液后进行擦拭。

扫码看视频56

⑤地面用消毒溶液浸泡的专用卫生间墩布擦拭，做到地面无污渍、无积水，下水管处无污物。

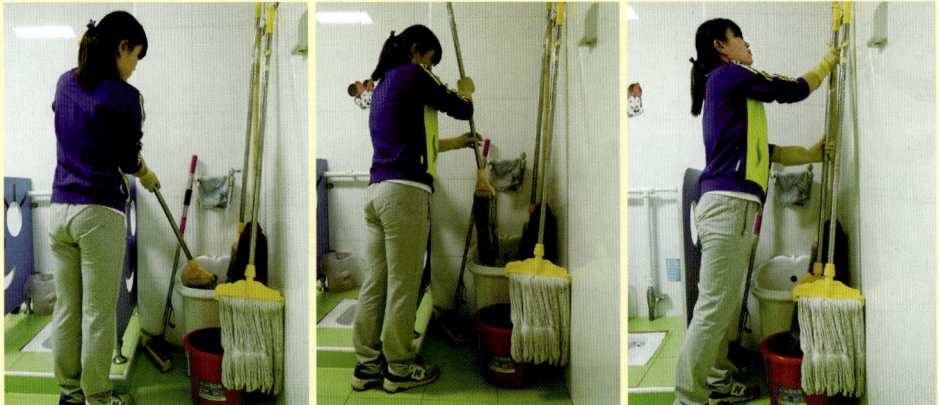

⑥将擦拭卫生间的专用墩布涮干净，控干水分，挂在标签对应的挂钩上。

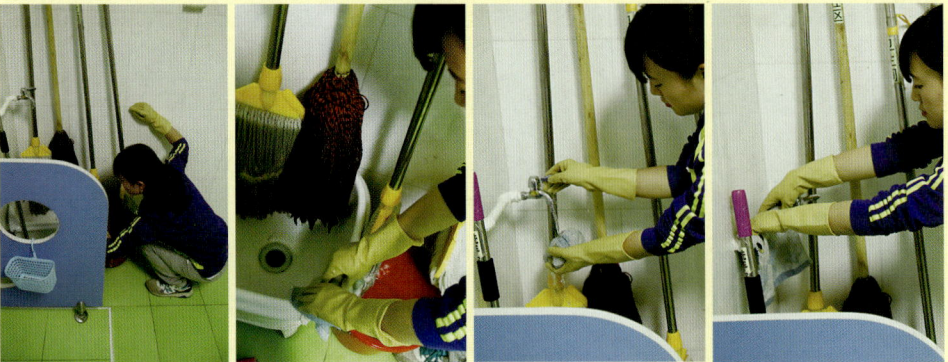

⑦用专用的抹布擦拭墩布池里、外，将其清洁干净。将抹布洗干净，晾好。

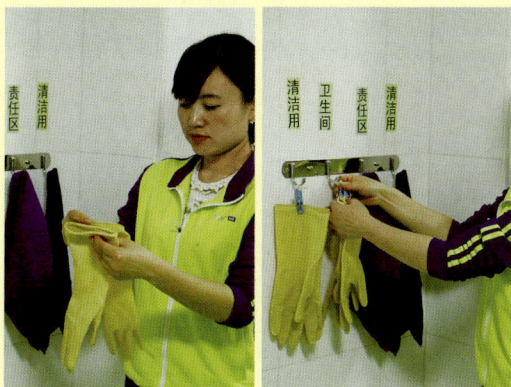

⑧摘下专用胶皮手套，挂在标签对应的挂钩上。

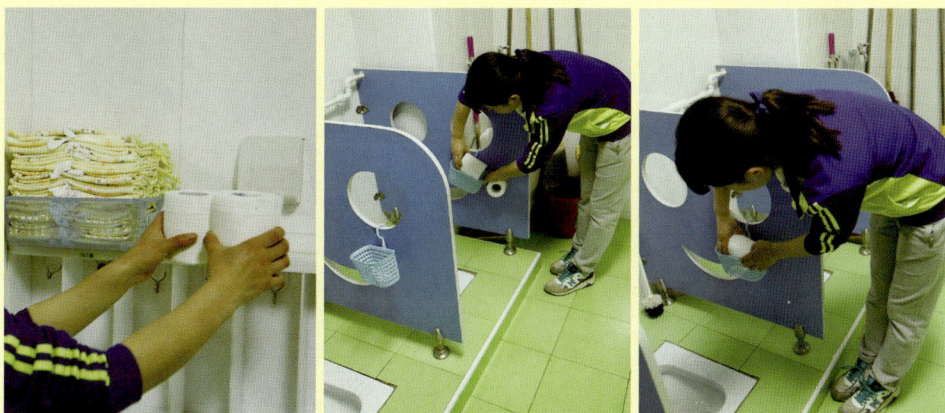

⑨及时补充卫生纸。将卫生纸放在幼儿便于拿取的地方。

⑩洁厕灵用完后，收回消毒物品柜中。

3.墩布的清洁。

①先将墩布在墩布池内冲洗干净，控干水分。

②将墩布放在装有1：100配比好的84消毒溶液桶中，浸泡30分钟。

③30分钟后，用清水把墩布冲洗干净，控干水分，挂在标签相应的挂钩上。

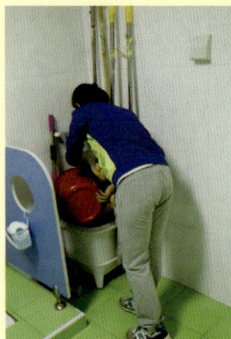

④将桶中的消毒溶液倒掉，把桶刷洗干净，放在指定位置。第二天，将墩布拿到室外班级指定的挂钩处悬挂，在阳光下暴晒。

# 三、离园前的其他整理及消毒工作

扫码看视频57

## ◎工作内容

1.幼儿园根据实际情况每天或班级轮流进行班级紫外线灯的消毒工作，严格按照使用说明使用消毒灯，并做好记录。使用紫外线灯消毒时，要确认室内无人、关闭门窗的情况下，直接照射需要消毒的位置。

2.检查户外玩具，发现没有收好的玩具及时收放整齐。

3.检查班级门、窗、水、电及电器，全部关闭后，方可离开。

4.清理每日垃圾，做到一日一消，杜绝垃圾在班级教室内过夜。

## ◎工作标准

1.将教师一天的工作用具收放整齐，比如帽子、围裙等，需叠整齐，放在统一指定的位置。围裙、帽子不可以有褶皱、油污，每周彻底清洗一次，平时要随脏随洗。

2.检查户外玩具收放情况，及时收放没有归位的玩具，户外玩具应收放在避雨的地方。

3.将班级内所有垃圾集中，每天下班前倾倒处理，杜绝垃圾在室内过夜。将空的垃圾桶套上干净的垃圾袋，垃圾桶每周要定期用专用刷子彻底刷洗一次。

4.幼儿园根据实际情况，每天或班级轮流进行班级紫外线灯的消毒工作，严格按照使用说明使用消毒灯，并做好记录。使用紫外线灯消毒时，要确认室内无人、关闭门窗的情况下，直接照射需要消毒的位置。

5.检查班级的门、窗、水、电及电器，关好窗户、水龙头，所有电器切断电源，方可锁门离开。

## ◎工作流程

1.清理班级教师物品。

①查看教室各个角落，如桌子下、钢琴上等，将幼儿没有收好的图书或玩具等放回指定的位置。

②收拾教师物品及围裙，将围裙整齐地叠好。围裙要保持干净（围裙每周重点清洗一次。平时要随脏随洗）。

③将收拾好的所有物品、教具、围裙等收放到教师物品柜中指定的位置。

2.清理班级垃圾。

扫码看视频58

①先从柜子里拿出干净的垃圾袋。

②将班级中所有垃圾桶内的垃圾集中处理，教室内不得有垃圾过夜。

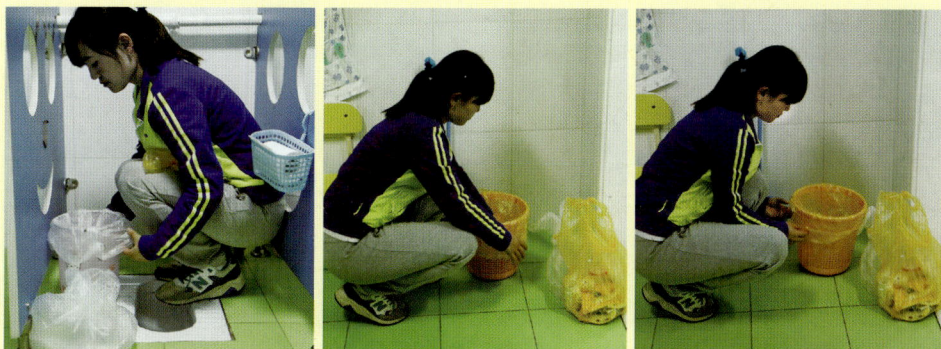

③垃圾清理后，将每个垃圾桶都套上新的垃圾袋。

④将要扔掉的垃圾口袋系上，暂时放在班级门口，下班时带出去，分类投放到幼儿园指定的垃圾桶里。

3.检查班级门窗、水电。

①查看班级所有屋子的窗户、电器，将窗户、空调、净化器、灯等电器全部关上。

②班级中教学用的一体机、净化器、CD机等电器全部切断电源。

③然后到盥洗室、卫生间查看水管，将没有关严的水龙头及时关紧。

4.紫外线消毒工作。

①把紫外线灯车轻轻地推至班级内需要消毒的室内空间或物体前。

②打开紫外线灯，对准要消毒的地方进行照射。

③把时间旋钮扭到指定时间档，每次持续照射时间60分钟，然后按下开关按钮后，立即离开。

（注：当班级内所有工作完成后，确认室内无人时，再进行紫外线灯的消毒工作）

# 第三章

# 保育员其他常规工作

## 第一节　卫生消毒记录

扫码看视频59

每月由保健医统一发放《×班每月卫生消毒工作记录表》，包含每日的卫生消毒工作记录。

◎填报要求

1.保育员每天要认真做好记录表中所有的消毒工作，每做完一项消毒工作，都要进行记录。

2.接受本班班长的监督，班长每天下班前检查保育员各项卫生消毒工作，确定保育员完成工作无误后，在表格上签字。

3.将《×班每月卫生消毒工作记录表》于每月月底交到保健室。幼儿园可以根据本园实际情况制定相应的消毒记录表。

附表：

# ××班每月卫生消毒工作记录表

保育员：＿＿＿＿＿　　年＿＿月

| 内容 | ×月×日 消毒时间 | | | | | | | | | | | | | | | | | | | 班长检查签字 | 注明 |
|---|---|---|---|---|---|---|---|---|---|---|---|---|---|---|---|---|---|---|---|---|---|
| 开窗通风 | | | | | | | | | | | | | | | | | | | | | 注明：1. 白天为全天开窗通风，14:40为幼儿起床后开窗通风。2. 消毒桌面的毛巾保持干净。3. 每日用84消毒液擦拭教具柜、门把手和水龙头、责任区的楼梯扶手等。4. 每餐后消毒桌面的消毒水用于餐后消毒地面。5. 小便池要及时冲刷，保持无异味、无残留物。 |
| 桌面 | | | | | | | | | | | | | | | | | | | | | |
| 教具柜 | | | | | | | | | | | | | | | | | | | | | |
| 毛巾 | | | | | | | | | | | | | | | | | | | | | |
| 水杯 | | | | | | | | | | | | | | | | | | | | | |
| 加餐盘 | | | | | | | | | | | | | | | | | | | | | |
| 水果盘 | | | | | | | | | | | | | | | | | | | | | |
| 地面 | | | | | | | | | | | | | | | | | | | | | |
| 门把手 | | | | | | | | | | | | | | | | | | | | | |
| 水龙头 | | | | | | | | | | | | | | | | | | | | | |
| 小便池 | | | | | | | | | | | | | | | | | | | | | |
| 责任区地面及扶手 | | | | | | | | | | | | | | | | | | | | | |

# 第二节　一周重点清洁工作

扫码看视频60

　　幼儿园需要清洗消毒的工作内容非常多，除常规工作外，还需要合理地安排每天的重点工作，确保每周工作进行整体轮换，达到卫生消毒无死角。幼儿园可以根据本园实际情况，制定本园的消毒工作重点，来保证消毒工作的有效实施。

## ◎具体内容

　　星期一：1.清洁、消毒幼儿床。2.清理上周剩余药物及药单。3.检查幼儿指甲。
　　星期二：清洁、消毒幼儿桌子、椅子。
　　星期三：1.清洁牙刷、牙杯、水杯、梳子。2.清洗各种袋子及盖布等，如餐盘袋、梳子袋、盖碗布、水杯架帘子等。
　　星期四：1.清洁班级责任区卫生。2.整理教师物品柜。3.清扫班级死角卫生。4.清洁、消毒户外玩具及责任区中型玩具。
　　星期五：1.消毒玩具。2.暴晒图书及玩具。

## ◎各项消毒工作标准及流程

### 一、清洁、消毒幼儿床

　　1.配比消毒溶液（见P13"第一节　幼儿来园前的准备工作　三、环境清洁2.环境清洁　（1）准备工作，配比消毒溶液"）。
　　2.清洁、消毒幼儿床。

①将装有配比好消毒溶液的清洁盆端到睡眠室，清洁布在消毒溶液中充分洗涤，拧干。

147

②擦拭第一张床，采用表面擦拭的方式，将床的四周擦拭干净。

③再将四个床腿擦拭干净。

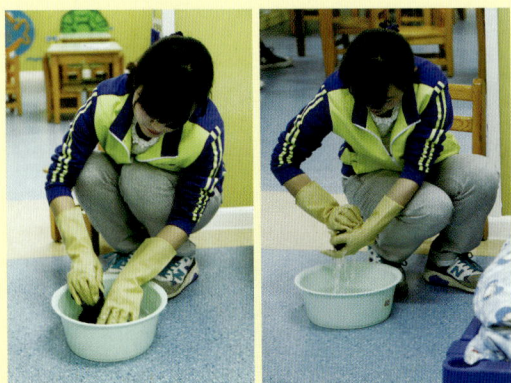

④擦拭完第一张床后，将清洁抹布在盆中充分洗涤、拧干。

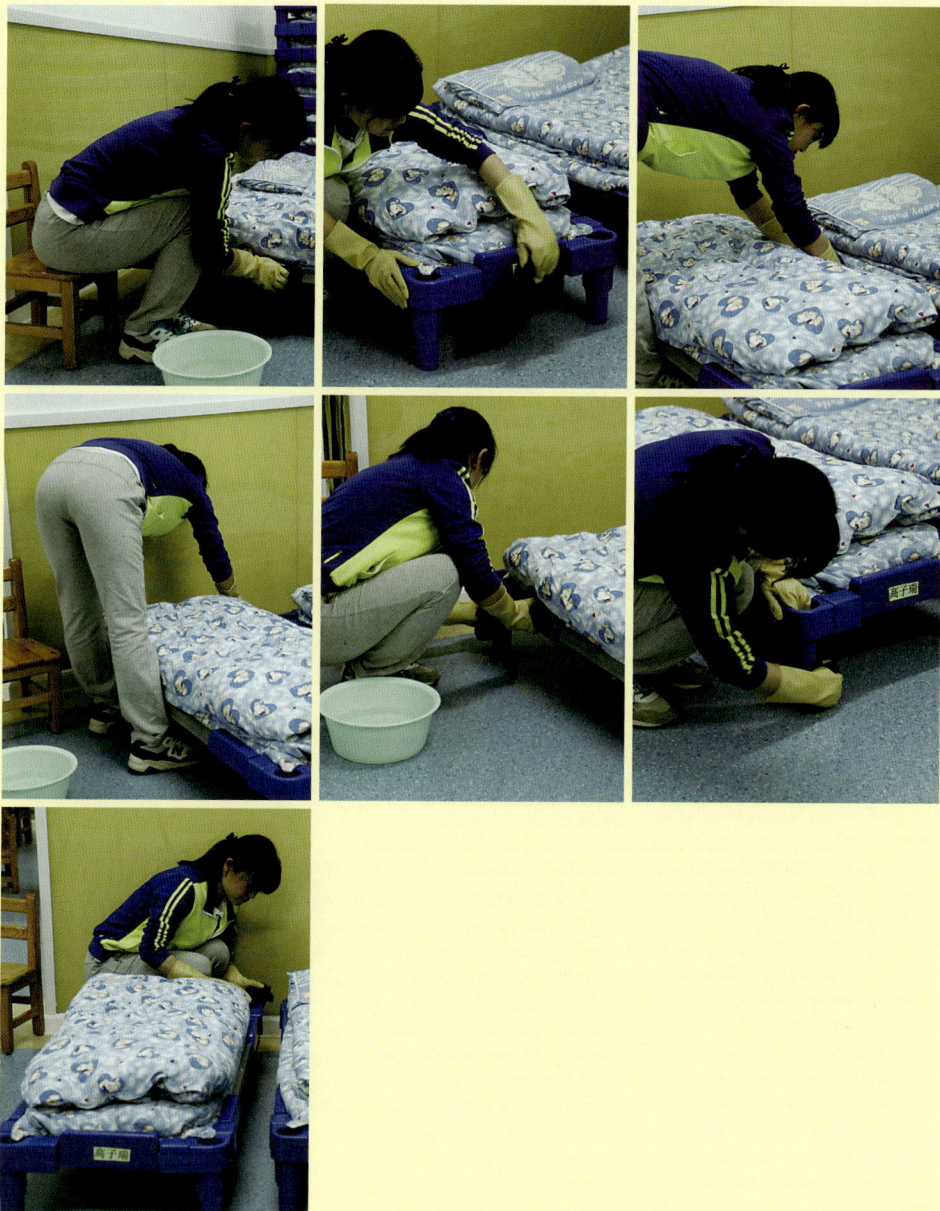

⑤再进行第二张床的擦拭，直到将所有的床全部擦拭完毕。

## 二、清理上周剩余药物及药单

1.清理药单、药瓶。

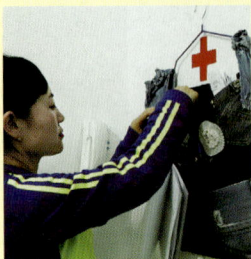

扫码看视频61

①来到班级药品袋或小药箱前。

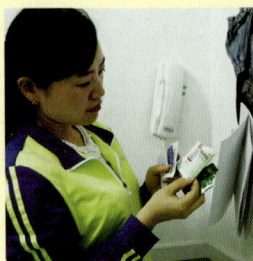

②将药品袋或小药箱内的物品全部取出，进行检查。

③核对药单和对应药袋或药瓶。

④把超过三天的药袋、药瓶以及与药品无关的其他物品全部处理掉（最好幼儿带药只带当天服药的量，不可以一次带几天的药，教师只收当天的药品）。

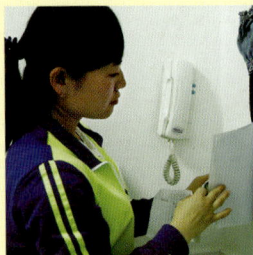

⑤幼儿园根据情况可以保存药单或将药单贴在交接班记录本上。

2.清理杂物。

将清理出来的与药品无关的物品及超过三天的药袋、药瓶及时处理掉。

## 三、检查幼儿指甲

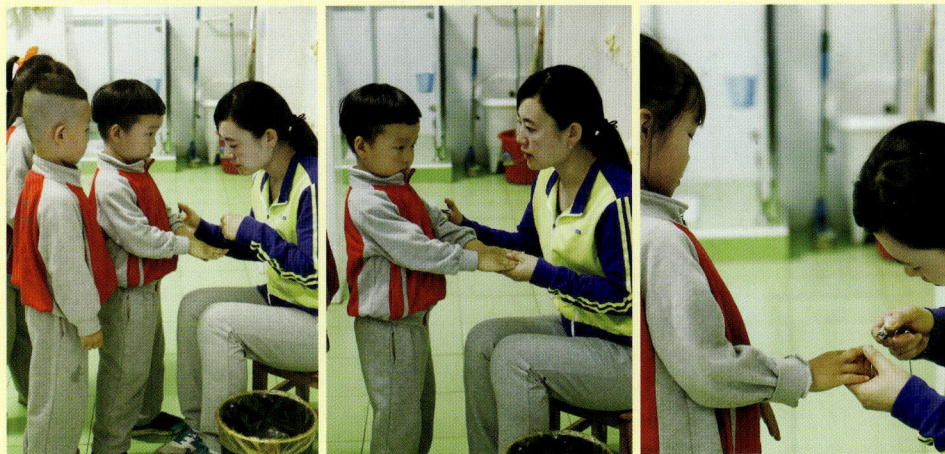

要求家长配合，周末在家为幼儿剪指甲。星期一，保育员检查幼儿指甲，发现没有剪指甲的幼儿，可以给他剪指甲。

## 四、清洁、消毒幼儿桌子、椅子

1.配比消毒溶液（见P13"第一节　幼儿来园前的准备工作　三、环境清洁 2.环境清洁　（1）准备工作，配比消毒溶液"）。

扫码看视频62

### 2.擦拭并消毒桌椅。

①将装有配比好消毒溶液的清洁盆端到活动室。

②将小椅子从桌子里面拉出来。

③将清洁布在消毒溶液中充分洗涤，拧干。

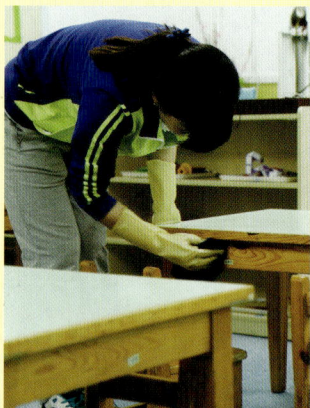

④将桌子的四个边及桌子的四条腿擦拭干净。

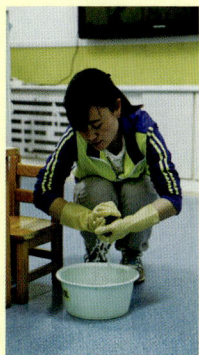

⑤再次将清洁布在消毒溶液中充分洗涤，拧干。

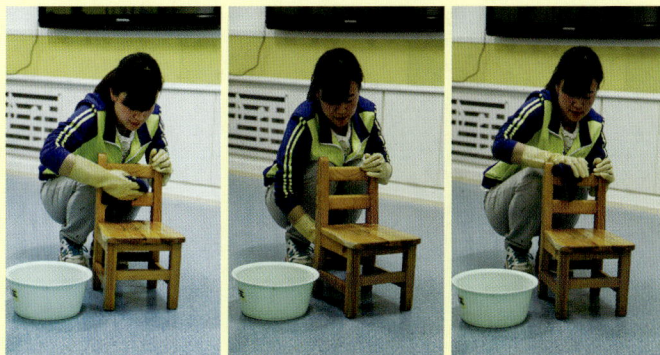

⑥擦拭第一把小椅子，将椅子面、椅子靠背儿前面、后面擦拭干净。

⑦将椅子腿儿擦拭干净。

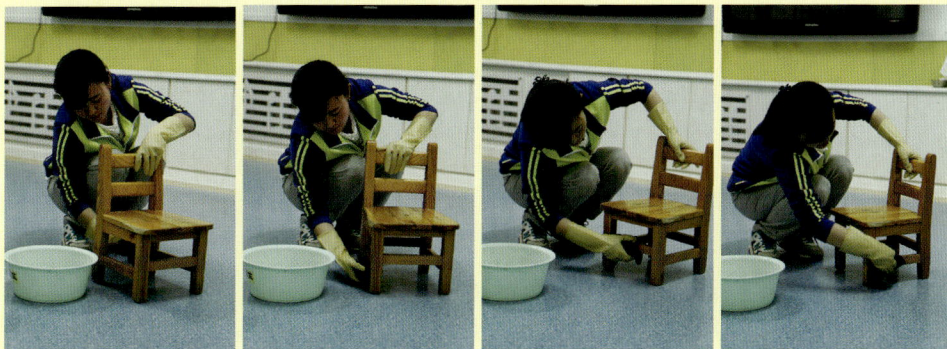

⑧将椅子四面的横杆擦拭干净。

⑨将擦拭干净的椅子放回原位，直至班级所有的桌子、椅子全部擦拭完毕。

注意事项：

1.每次餐前、餐后及桌面活动后，用抹布将桌面擦拭干净。

2.每周重点清洁工作时，用消毒溶液全面擦拭桌椅的各个部位，包括桌椅的表面、边缘、棱角、桌椅腿等。

## 五、清洁牙杯、牙刷、梳子

1.清洁牙杯、牙刷。

①从消毒物品柜中取出清洗水杯专用的百洁布、洗涤灵。

②把百洁布用水冲湿，将洗涤灵挤在百洁布表面。

③将刷牙杯子里的牙刷拿出来，先放在水杯格子里，拿起刷牙杯子。

④用百洁布在刷牙杯的里面来回旋转着刷。

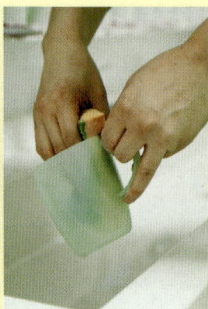

⑤再把刷牙杯的外面来回旋转着刷，直到所有的牙杯全部刷完。

⑥打开水龙头。

⑦用流动水将刷牙杯冲洗干净，并把杯子里的水控干。

⑧将牙杯里面的牙刷冲洗干净，如有牙膏渍要重点清洗干净。

⑨打开水龙头，用流动的水将牙刷上面残留的牙膏渍冲洗干净。

⑩将冲洗干净的牙刷刷毛朝上，对应幼儿的名字放在刷牙杯中。直至所有的牙杯、牙刷全部清洗干净。

⑪将百洁布上的洗涤灵冲洗干净，把洗涤灵、百洁布收回消毒物品柜中。

⑫对幼儿的牙刷进行检查。

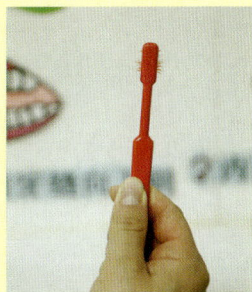

⑬从牙刷背面看，牙刷刷头有龇毛现象的要及时更换新牙刷。

⑭拿出一个新的牙刷为幼儿更换，然后将包装扔进垃圾桶。

### 2.清洁梳子。

扫码看视频63

①从柜子里取出专用刷洗梳子的刷子和清洁盆。

②走到梳子袋前，将所有的梳子都取出来，放进清洁盆中。

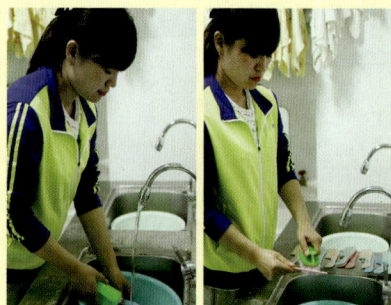

③用流动水将梳子用专用刷子刷洗干净，必要时用清洁剂进行刷洗，直至所有梳子都刷洗干净。

④梳子全部刷完后，将刷子收回消毒物品柜中。

⑤将刷洗干净的梳子在配比好1∶200的消毒溶液中浸泡10分钟。

⑥将清洁盆中的水倒掉，冲洗干净，放入消毒物品柜中。

⑦将消毒溶液浸泡过的梳子——用流动水冲洗干净。

⑧将冲洗干净的梳子用专用毛巾擦拭干净。

⑨将擦干净的梳子与幼儿的名字——对应，放入梳子口袋中。

⑩将擦梳子用的小毛巾清洗干净，夹在衣架上，进行晾晒。

⑪将使用过的盆清洗干净，控干水分。

⑫将干净的盆放在指定的清洁用品柜中。

扫码看视频64

注意事项：

1.牙刷除平时每次刷牙后要把牙刷上残留的牙膏清洗干净外，每周重点清洁工作时要彻底清洗、消毒。清洗干净后，要单独浸泡在幼儿牙杯0.9%的盐水中。牙刷龇毛，随时更换。

2.用专用百洁布蘸去污粉或洗涤灵，擦拭、清洗牙杯、水杯的杯口、杯内、杯外，用小刷子或牙签细抠杯子边缘缝隙和水杯的把手。清洗干净后，水杯送去伙房消毒，牙杯用盐水浸泡。

3.梳子要专人专用，一人一梳，除平时保持干净外，每周彻底清洗一遍，用刷子把梳子上面的脏东西刷掉。

## 六、清洗各种袋子及盖布等

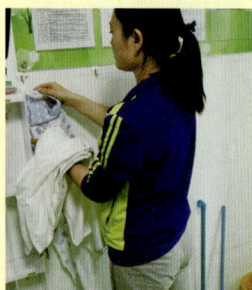

①将班级中所有日常生活使用的各种袋子集中在一起。

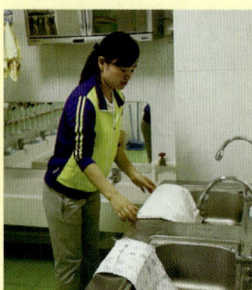

②将要进行清洗的各种袋子进行分类。比如餐盘袋、水杯袋、盖碗布、水杯帘等为一类；梳子袋、药袋等为一类。

③从柜子里拿出两个清洁盆。

④将分好类的各种袋子分别放在两个清洁盆中。

⑤在清洁盆中倒入开水，用开水浸泡10分钟。

⑥10分钟后，从盆里拿出水杯袋子铺在搓衣板上，用肥皂洗涤。

⑦双手在搓衣板上将餐盘袋、水杯袋、盖碗布、水杯帘等一类袋子一一充分揉搓至干净。

⑧打开水龙头，用流动水将所有搓洗干净的袋子进行充分洗涤。

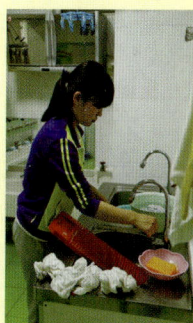

⑨将冲洗干净的袋子拧干，先放在一边。

⑩再搓洗梳子袋、药袋等，直至把所有的袋子全部用肥皂揉搓干净。

⑪打开水龙头，用流动水将梳子袋、药袋等进行充分洗涤。

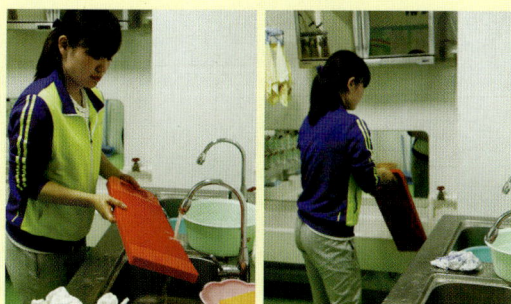

⑫将搓衣板用流动水冲洗干净，收放在指定位置。

⑬将盆中的水全部倒掉，涮洗干净。

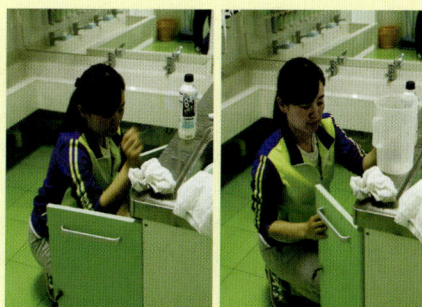

⑭从消毒物品柜中拿出消毒液和量杯、量筒。

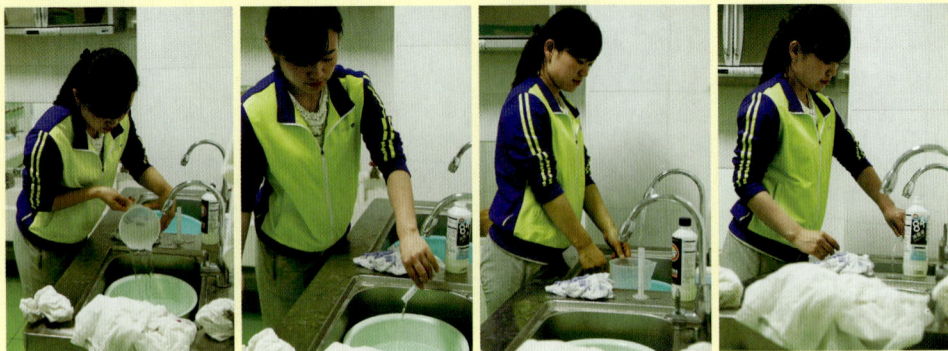

⑮在两个清洁盆中分别配好 1 ： 200 的消毒溶液。

⑯消毒溶液配好后，将消毒液、量杯、量筒收回消毒物品柜中。

⑰将冲洗干净的所有袋子进行分类，浸泡、消毒10分钟。

扫码看视频65

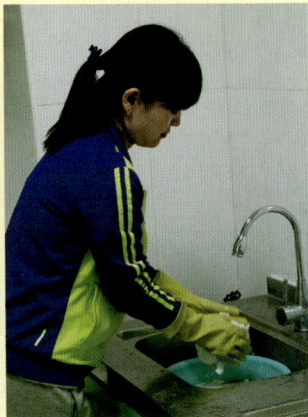

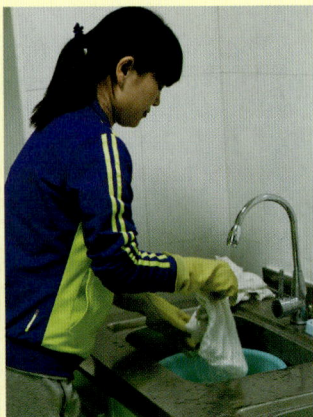

⑱10分钟后，戴上胶皮手套，将消毒液浸泡过的所有袋子用流动水冲洗干净，将水分拧干并挂好。

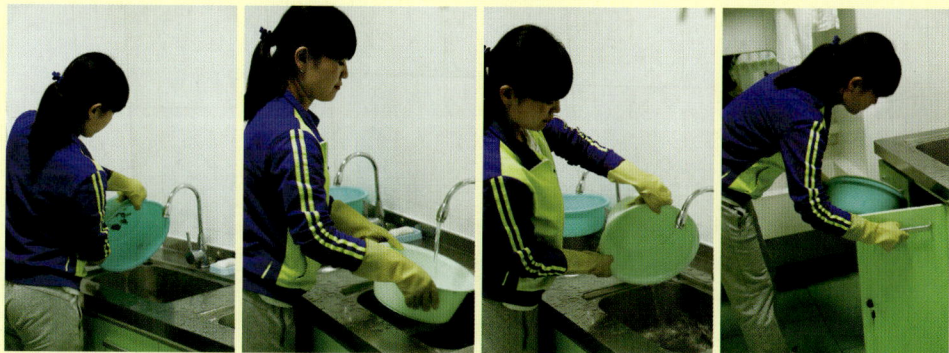

⑲将盆里的水倒掉，冲洗干净，收入消毒物品柜中。

⑳摘下胶皮手套挂在墙上对应标签的挂钩上。

（注：第二天，将洗干净的所有袋子拿到室外，挂在通风处，在阳光下暴晒）

注意事项：

各种袋子除每周进行重点清洁外，平时也要注意保持干净，随脏随洗。

## 七、清洁班级责任区卫生

扫码看视频66

①检查自己班级内的责任区有无卫生死角。

②用鸡毛掸子在楼道内、房顶上按顺序轻轻擦拭，清除房顶、墙角等处的蜘蛛网。

③用扫帚把楼道清扫一遍，重点是犄角旮旯。

④擦拭班级责任区内玻璃，先用清洁抹布将玻璃里外湿式擦拭。

⑤再用干抹布擦拭，直至玻璃明亮、干净，擦完所有玻璃。

⑥用半干、半湿的专用墩布擦拭楼道地面。

⑦发现地面有重污渍，需用专用清洁剂或工具进行地面污渍的清除。

注意事项：

1.幼儿园根据实际情况，有班级责任区卫生清扫内容的，除平时每日必须打扫的内容以外，每周重点打扫时要彻底清扫责任区卫生，清除卫生死角、旮旯、蜘蛛网、地面有污渍的地方。

2.责任区清洁内容包括地面、玻璃、窗台、窗框等，根据幼儿园实际情况制定。

扫码看视频67

## 八、整理教师物品柜

①打开教师物品柜，进行物品整理。

②将教师物品柜中凌乱的物品清理出来，放在一起。

③将整理出来的物品进行分类。

④将分好类的物品一件一件地按照柜子上的标签对应归位。

⑤将整理出来、没有用的物品扔进垃圾桶。

注意事项：

1.教师物品柜中的物品要分类存放，不可乱放。

2.要用标签标明。

3.每周重点进行教师物品柜的整理工作，物品分类存放，及时清理柜中垃圾，保持柜内物品整齐、有序。

## 九、清扫班级死角卫生

①检查班级内有无卫生死角。

②用鸡毛掸子在房顶四周按顺序轻轻擦拭，清除蜘蛛网，直至班级所有的屋顶边缘全部擦拭完毕。

③拉开教具柜，用扫帚将教具柜下面的尘土、杂物等清扫干净。

④扫完后将教具柜归回原位。

注意事项：

1.班级卫生除去每日必做的清扫工作以外，每周重点清洁工作时还要彻底地对班级进行打扫，尤其是班级中的卫生死角，更要注意清扫。

2.注意班级中有无蜘蛛网。如发现有蜘蛛网，及时清理。

3.注意移开教具柜，清扫教具柜底下的尘土及杂物。

## 十、清洁、消毒户外玩具及责任区中型玩具

扫码看视频68

①从消毒物品柜中取出专用清洁盆、清洁布、洗涤灵、刷子等清洁物品。

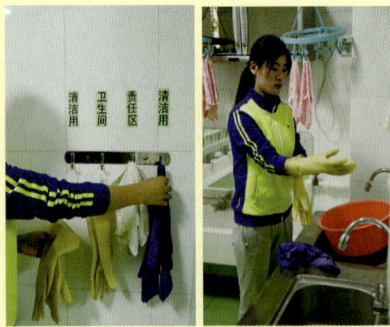

②从墙上标签对应的挂钩处摘下专用清洁抹布、清洁用胶皮手套，并戴上胶皮手套。

③在清洁盆里接入干净的自来水。

④来到室外，将室外玩具一件一件用清水清洁、擦拭，直至所有户外玩具全部擦拭完毕。

⑤对有重污垢的玩具，使用清洁工具进行洗刷。

⑥将所有玩具都清洁完毕后，回到盥洗室，将脏水倒进小便池里，然后冲水。

⑦将清洁盆刷洗干净，抹布用肥皂搓洗、清水洗涤干净。

扫码看视频69

⑧用配好的 1 ： 200 消毒溶液将清洁过的玩具一一擦拭、消毒。

⑨所有玩具用消毒抹布擦拭完毕后，将清洁盆、抹布充分洗涤干净。

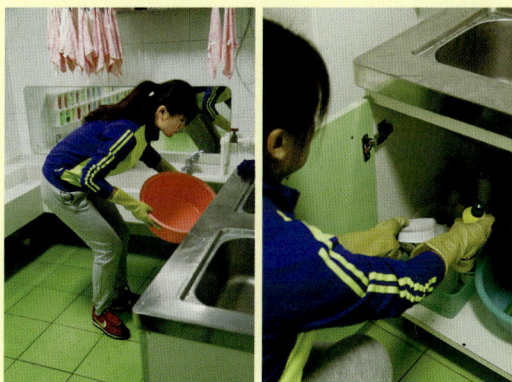

⑩将清洁盆、洗涤灵、刷子等收回柜子中。

⑪将清洁胶皮手套、抹布挂在标签对应的挂钩上。

注意事项：

每清洁一样玩具，都要用抹布擦洗一遍。

## 十一、消毒玩具

扫码看视频70

①先将班级中所有能够水洗的塑料玩具集中在一起。

②把集中过来的塑料玩具全部拿到盥洗室。

③戴上清洁专用胶皮手套，从柜子中取出洗涤灵和刷子。

④堵住盥洗室清洗玩具的水池，倒入几滴适量的洗涤灵。

⑤打开水龙头，将清洗玩具的水池中灌满水。

⑥从柜子里取出量杯、量筒和84消毒液，在另一个水池里，根据容量按1∶200配好消毒溶液。

⑦将塑料玩具倒入洗涤灵水中。

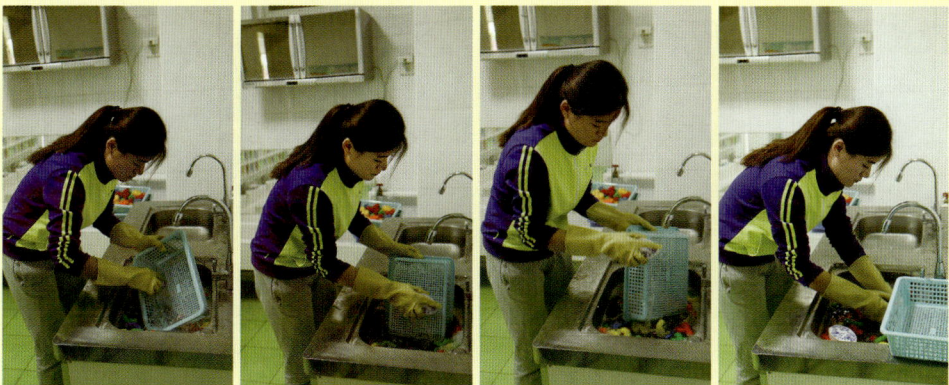

⑧用刷子将装玩具的筐里、外刷洗干净，放在水池台上。

⑨用洗涤灵水清洗玩具。

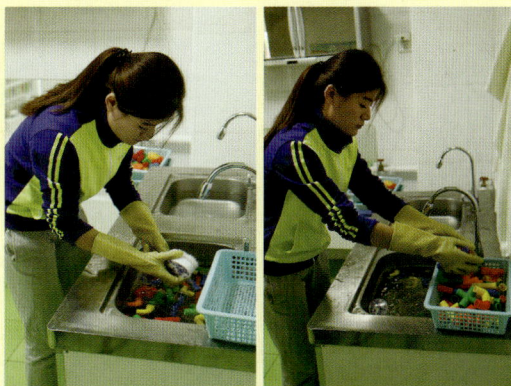

⑩玩具上有重污垢的，要用刷子刷洗。将洗完的玩具放在水池台上的玩具筐里。

⑪用流动水将玩具上的洗涤灵冲洗干净。

⑫将清洗干净的玩具放入事先配好消毒溶液的水池里，浸泡20分钟。

⑬用洗涤灵水洗涤第二筐玩具，直至所有的玩具洗涤并用消毒液浸泡完成。

⑭将消毒液浸泡过的玩具一一用流动水冲洗干净，控干水分，直至所有的玩具冲洗完成。

⑮将所有洗完的玩具筐及玩具一起拿到户外晾晒。

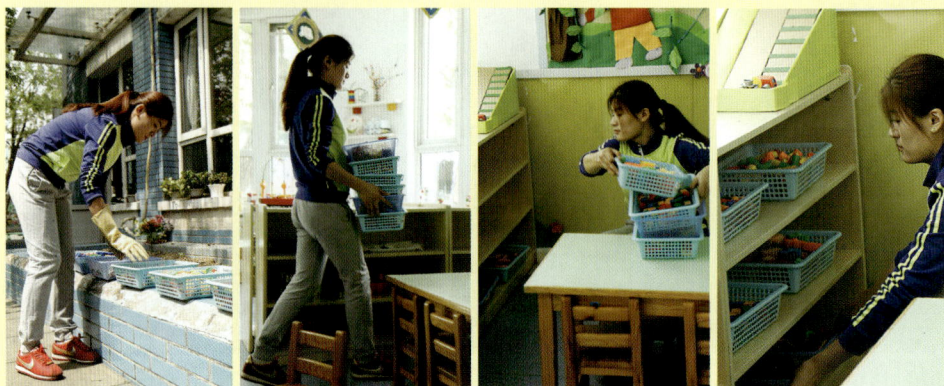

⑯将晒干的玩具筐及玩具拿回室内，放进玩具柜，摆整齐。

注意事项：

木制玩具可以用消毒液擦拭，也可以在阳光下暴晒2小时，进行日光消毒。

## 十二、暴晒图书及玩具

扫码看视频72

①将班级中所有的图书、不能水洗的玩具及毛绒玩具集中在一起。

②将集中过来的图书和不能水洗的玩具或毛绒玩具等拿到户外。

③将毛绒玩具一一摆放在事先准备好的小桌子上，在阳光下暴晒不低于6小时。

④将图书全部打开，摆放在小桌子上，在阳光下暴晒2小时。

⑤将晒好的图书和不能水洗的玩具收回班级中，摆放整齐。

注意事项：

1.毛绒、布制玩具可以用肥皂粉清洗，冲洗干净后，放在阳光下暴晒2小时。

2.毛绒玩具要定期用水洗。

# 第三节　清洁工具的使用要求

## 一、抹布和墩布

1.抹布、墩布等要专用，每次用后及时清洗，保持干燥，避免滋生细菌。抹布要用洗涤剂或肥皂洗干净。

2.抹布、墩布清洗干净后，用1∶100的84消毒液浸泡30分钟。

3.用清水冲洗干净后，抹布要拿到室外在阳光下暴晒，墩布挂在指定位置的挂钩上，在通风处，阳光暴晒。

4.抹布、墩布均要分类使用，并贴上标签，分类悬挂。例如：墩布分活动室、盥洗室、卫生间、睡眠室专用等，挂钩处贴上相应的标签，墩布要按照标签对应的位置悬挂；抹布要分类使用，悬挂在墙上标签对应的位置。

## 二、84消毒液

1.禁止使用饮料瓶子盛装消毒液，如果需要使用，必须把饮料瓶上原有的包装纸揭去，贴上带有安全标识的标志。

2.使用84消毒液时，应手心对准瓶体上的标识，避免消毒液流出腐蚀瓶体上的标识和名称。

3.可以使用专用的量杯、量筒进行消毒液的配比，如果没有刻度，需在盆子的内壁做出刻度线，方便配比消毒液。

## 三、消毒毛巾

1.消毒毛巾要专用，分类使用，分类悬挂，并悬挂贴有相应标识的挂钩上。

2.消毒毛巾每次使用后，都要及时用肥皂清洗干净，保持干燥，在通风、干燥处晾晒。

## 四、清洁球、手套

1.清洁球使用要分类，平时清洁用和清洗水杯或其他使用的清洁球一定要分清，不可以混用。

2.各种手套也要分类使用，清洁柜子、卫生间、盥洗室等和消毒桌面的手套都要分开使用，按照标识分类悬挂。

## 五、扫帚、簸箕、垃圾桶

1.保持扫帚、簸箕的清洁与卫生，每次用后及时清理干净，簸箕随脏随时清洗，扫帚上不可带有垃圾，如头发样等污物。

2.保持垃圾桶里外清洁，每天倾倒垃圾，做到一日一消，垃圾不能在教室内过夜。

3.垃圾桶每周用刷子彻底刷洗一次，平时随脏随刷。

4.室内要使用带盖的垃圾桶。

# 第四节　保教笔记

　　保育工作是幼儿教育重要的组成部分。保育员应该用什么样的心态去面对幼儿，要怎样言传身教的实施好教育行为呢？虽然保育员主要负责幼儿的保育工作，教育、教学工作占得比较少，但怎样在教育、教学中配合教师开展活动，怎样做好自己的生活卫生和保育工作等，也需要保育员不断地思考与学习。幼儿的一日生活皆教育。孩子们就是在穿衣、吃饭等游戏活动中成长的。保育员作为幼儿园保育工作的主要实施者，她们和教师一样，既是幼儿的教育者，也是幼儿学习的引导者和帮助者，她们的职业素养、工作态度、教育行为直接影响着幼儿园保教工作的质量。为了加快保育员的专业成长，建设一支具有高素质的保育员队伍，建议每位保育员每月撰写一篇保育笔记，记录平时工作中的小故事、小经验、小窍门等，可以撰写幼儿进餐、午睡、如厕等生活环节发生的事情、幼儿自理能力的培养、与幼儿日常亲密接触的感想等。

## 一、保教笔记范例1

### 细 心 发 现

　　班上总有几个吃饭慢的小朋友，明泽就是其中的一个。是什么原因造成他吃饭慢呢？是挑食？是吃饭的时候，边吃边玩？还是……

　　通过几次观察，我终于发现了问题：他每次吃饭时不是大口地咀嚼，而是只吃一小口，并且是用前牙慢慢咬，尤其是在吃肉类或块茎类蔬菜时，更是不敢吃，甚至有时不吃……因此，我判断问题出在他的牙上。我仔细地看过他的牙，下牙的前牙排列比较整齐，后牙有的已经发黑；而上牙就比较糟糕了，原本应该排列整齐的牙已经被腐蚀得像"鲨鱼牙"一样的齿状。难怪孩子吃饭慢，可以想象一下，每次吃饭时，孩子有多难受。于是，我针对发现的这个情况第一时间和家长进行了沟通。孩子的妈妈很意外，她说起每天晚上睡觉前孩子要喝奶，而且是含着奶瓶睡觉。类似的现象许多孩子都有，而家长也确实没有太在意。奶中的糖份长时间附着在牙齿上，由于孩子没有及时刷牙或用清水漱口，所以很容易产生牙菌斑。长此以往，牙齿表面的釉就会被腐蚀掉，牙变得很酥，容易一块儿一块儿地脱落。如果不及时、有效地治疗和控制，那么将来更不利于孩子恒牙的生长。最重要的是，现阶段，孩子受坏牙的影响不能正常进食，造成营养失衡，从而影响他的身体发育。所以，帮助孩子养成良好的习惯是非常必要的。

　　凑巧的是，幼儿园正在组织孩子进行牙齿保健。医生给明泽检查过牙齿之后，也印证了我的判断，家长很重视并及时带孩子去医院治疗，为此，还表示感谢。

　　做为一名幼儿教师，对孩子的爱心、耐心、细心是缺一不可的，也许一个小发现或许能带来一个大改变。

## 二、保教笔记范例2

### 我该怎样去了解他

　　他，叫昊昊，是这学期新升入我们班的孩子。他个子不高，体型偏瘦，一张小圆脸上长着一双大眼睛，眼神中透着机灵。他很淘气，班里只要有他在，就必需有一位老师特别关注他。如果他离开了你的视线范围，那必定要发生状况。为此，我也不断地尝试着走进他的内心世界，想成为他的朋友，结果还是失败了。

　　昊昊的爸爸、妈妈来自安徽，他们在北京做些小生意。昊昊是家里的第二个孩子，老家还有一个姐姐在上学。由于是男孩儿。因此，父母对他的爱更是满满的。他已经四岁了，连吃饭还让妈妈喂，更不用说其他的生活技能了……对于这样一个孩子，如果要规范他的行为，难度可想而知。只靠简单的说教是没有任何效果的。通过观察，我发现，他虽然淘气，但是也有安静的时候。比如，老师上课时，新奇的内容、生动的语言、穿插着各种形象的教具及高频次的提问，这些都能吸引他的注意力。他的眼睛会紧紧地盯着老师，甚至连眨眼的次数都减少了，生怕一眨眼就错过了重要的内容。但是，往往这样的时间，持续得很短。接下来，他又会一如既往地活跃起来。在每一次的户外活动前，我都会问他："昊昊，出去活动时，应该怎么做？"而他也会不假思索地回答："不乱跑，慢慢走。"看着他认真的表情，我想：这次他应该说到做到了吧！于是，我拉着他的手，踏实地走在队伍的后面。刚走到操场边，他就像出笼的小鸟一样，挣脱了我拉着他的手，头也不回的、用他的脚尖儿向前奔去。我真是无语了……有时，我也会用表扬的方式来肯定他的行为。比如，有一次，我正准备洗杯子。他跑到我身边问："吴老师，你在干嘛？""你猜呢？""是要洗杯子吗？我帮你拿。"说着，便走到水杯架前，伸出左右两只小手，各取出两个水杯攥着，回到水池边，轻轻地放到里边，这样往返几趟，终于把所有的水杯都取完，他才安静地站到水池边，对我说："你可以洗了。"看着昊昊，我边对他说"谢谢"边俯下身子在他的小脸上重重地亲了一口。他高兴地跑开了。待我忙完手边的工作后，在班上所有小朋友面前表扬了昊昊。此刻，昊昊的脸上露出了少有的得意。好孩子是夸出来的，获得肯定就会增强自信心。我想：我应该能走进他的内心。

　　然而，每次在我内心有一些小得意的时候，耳边都会响起："老师，昊昊打我。""老师，昊昊把图书角的书撕了。""老师，昊昊把墙皮撕了。"……

有时我会想：也许是我还不了解他；也许是我们之间的信任度还不够；也许是我的工作经验还不够丰富。总之，我有些失落，也有些纠结。不应该用简单的好坏来区分孩子，不断地探究和总结方法与经验或许是我今后的工作方向。

保育员的工作职责中，除了负责清洁及照顾孩子的饮食、起居外，还要落实《幼儿园工作规程》和《纲要》保教结合的精神与要求，更新教育观念，积极参与教学活动。第一则保教笔记体现了教师在对幼儿进行生活护理过程中发现幼儿吃饭慢的问题，从典型的事例中挖掘出教育契机，从关注幼儿吃饭慢到查找原因，再到与家长沟通，在解决问题的过程中认识到帮助幼儿培养良好行为习惯的重要性。作为一名保育员，"爱"是前提，工作中要有高尚的职业道德和强烈的责任心，关心每一个孩子，尊重幼儿的个体差异，走进他们的内心世界，真正地了解幼儿，使他们健康、快乐地成长。第二则保教笔记中，教师就是对班级个别幼儿的关注及教育，意识到好孩子是夸出来的，走进孩子的内心世界，信任是基础。教师对自己的工作不断地进行反思，善于总结经验，最终取得成功，体现了保育员真正的价值所在。这篇保教笔记对保育工作保教合一、身心并重的原则，也进行了很好的阐释。

撰写一篇好的保教笔记，首先要做到勤观察、善思考、多总结、常交流。其次，可以按照以下四个步骤进行梳理：

(1) 观察幼儿，发现问题；
(2) 寻找科学的理论依据；
(3) 探索正确的解决方法；
(4) 效果分析与评价。

## 第五节　家长沟通

有一种观念认为家长工作是由教师负责的，而忽视了保育员与家长之间的沟通。其实，作为家长，特别是小班幼儿家长，更关心的是幼儿在园的生活状况：孩子吃得好不好？大便了没有？午睡睡得好吗？而这些正是保育工作的重点。保育员和教师一样，每天与孩子亲密接触，照顾孩子的日常生活，会有不同角度的观察与建议，可以充分地与家长进行沟通。

那么如何与家长进行沟通呢？首先，要给家长树立一个有爱心、有良好专业素养的保育员形象。要心中有孩子，和孩子心贴心，关心每一位幼儿的情绪，协助教师照顾好每位幼儿的生活与学习。只有这样，才能得到家长的信任，拉近家长和教师的距离，打好沟通的基础。其次，在来园环节要认真倾听家长的担心和嘱托。离园时，结合家长的嘱托与自身细致的观察，及时地配合教师汇报孩子的饮食、起居情况。比如：幼儿在园时每日大便的次数、喝水情况、进餐及睡眠情况，并适时地结合孩子的身体状况给家长一些建议，指导家长更合理地安排孩子的饮食，准备适宜的被褥、衣服等。细致而富有建议的沟通必然会赢得家长的认可与尊重。

## ◎与家长沟通时的注意事项

1.语气要委婉。

教师不要使用"你应该"或"你必须"这样命令性的字眼，而应该说"我认为……"或"您可以试着……"这些婉转、协商口气的词语。这样，家长更乐意、也更容易接受教师的建议。当然，也不能过于谦虚，基于细致的观察和专业的判断后给出的建议，语气也应该十分肯定，让家长相信教师的意见和建议是科学、客观的。

2.要有针对性地解答家长的疑惑。给家长提出建议时，一定要有针对性，要针对孩子的实际情况。这就需要教师在平时要仔细、认真地观察每位幼儿，了解他们的性格特点、生活习惯、兴趣爱好、优缺点，以及具体采取哪些教育措施，需要家长怎样配合等。不能模糊不清，泛泛而谈，让家长觉得不着边际，听起来全有理，却不能解决实际问题，从而产生失望情绪，进而对教师的工作能力产生怀疑。

3.换位思考，用诚恳的态度以心换心。

孩子好动的天性使他们在集体活动中难免会遇到小小的磕碰或擦伤。当遇到这种情况时，家长所表现出的关切和心痛是肯定的。而有的教师不会换位思考，认为这么一点儿小伤没关系，不值得大惊小怪，在态度上就会显得不够关切或者若无其事，甚至会忘记在第一时间告诉家长。而像这样的一件小事，立即会使家长觉得教师对自己的孩子不够关心，对工作不够负责，进而影响家长与教师的关系，给家园沟通设置了障碍。如果教师从孩子父母的角度去心疼孩子或是换个角度想，如果受伤的孩子是自己的孩子，就会很自然地理解家长的心情，处理的态度和方法就会得到家长的认可。总之，无论运用何种方式、何种技巧与家长沟通，最为关键的是，要以诚待人，以心换心。同时，努力提高自己的道德修养和专业水平，这样才可以架起心与心之间的桥梁。

## 图书在版编目（CIP）数据

幼儿园保育员工作规范图解＋视频 / 张莉主编. —北京：中国农业出版社，2021.12（2024.3）
ISBN 978−7−109−22494−0

Ⅰ．①幼… Ⅱ．①张… Ⅲ．①幼儿园−工作−手册 Ⅳ．①G617−62

中国版本图书馆CIP数据核字（2016）第310769号

**幼儿园保育员工作规范图解＋视频**
YOUERYUAN BAOYUYUAN GONGZUO GUIFAN TUJIE ＋ SHIPIN

中国农业出版社出版
地址：北京市朝阳区麦子店街18号楼
邮编：100125
责任编辑：孙利平　张　志
版式设计：杜　然　　责任校对：吴丽婷　　责任印制：王　宏
印刷：北京通州皇家印刷厂
版次：2021年12月第1版
印次：2024年3月北京第3次印刷
发行：新华书店北京发行所
开本：700mm×1000mm　1/16
印张：12
字数：288千字
定价：68.00元